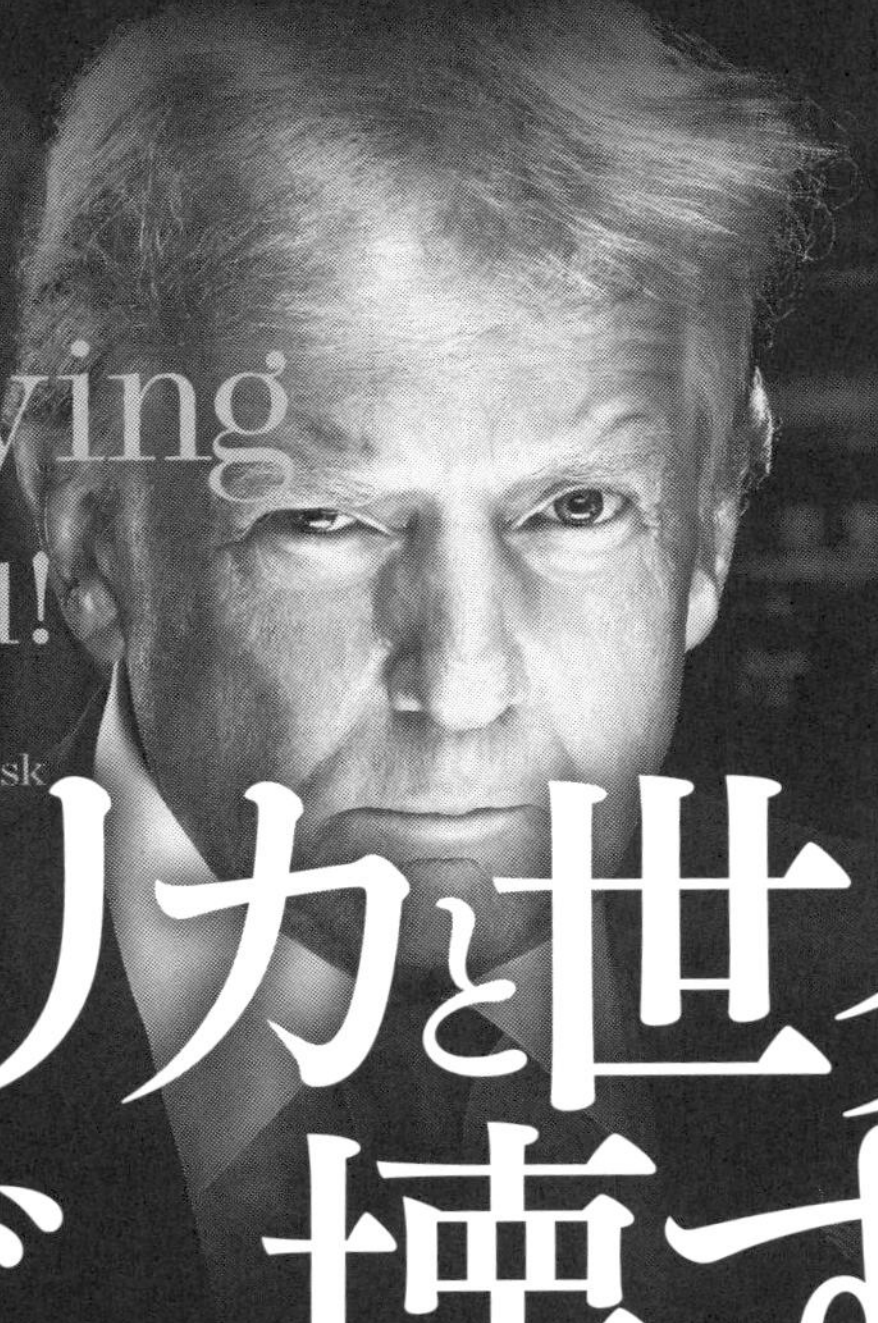

Destroying America and the World!

The New World Order Created by Donald Trump and Elon Musk

アメリカと世界をぶっ壊す！

トランプとイーロン・マスクが創造する新世界秩序

ベンジャミン・フルフォード
Benjamin Fulford

宝島社

はじめに

2024年4月に上梓した『もしトランプが米大統領に復活したら』(宝島社)において私は、同年の米大統領選について「行われない可能性が高い」と記した。この選挙は旧来の世界支配構造が継続されるのか、それとも大変革が起こるのかという歴史のターニングポイントだった。そのため、敗北を確信した陣営は、選挙そのものをぶち壊すだろうという情報が、当時さまざまな筋から寄せられていたからだ。

実際、「トランプ暗殺未遂」や「バイデンの出馬取りやめ」など選挙が中止となりそうなトピックはいくつも起きた。それでも、ドナルド・トランプ、カマラ・ハリス両陣営の思惑が錯綜するなかで大統領選は実現に至り、米国民からの圧倒的な支持を得たトランプが第47代アメリカ大統領に選ばれた。

これにより旧支配者勢力、つまり私がこれまでにディープ・ステート(ハザールマフィア)と呼んできた者たちの実質的な敗北が決まった。正式に大統領就任となったトランプは、まさしくこれまでのアメリカと国際社会の常識を覆す言動を連日のように発し、ディープ・ステートによる世界運営の方針は次々と覆されている。

地球温暖化対策は有名無実化され、新型コロナのワクチン詐欺を仕掛けた連中は今後どんどん摘発されていくことになる。

そんなトランプ新政権のなかでも、とりわけ注目を集めるがイーロン・マスクだ。マスク率いるＤＯＧＥ（政府効率化省）は、さっそくＵＳＡＩＤ（国際開発庁）にメスを入れ、資金の怪しい流れを追及し、さらにＮＥＤ（全米民主主義基金）の予算執行停止に向けて動いている。ＵＳＡＩＤやＮＥＤの予算の多くは、ディープ・ステートの実行部隊であるＣＩＡ内の一派が世界各地でクーデターを謀り、世論誘導をする際の資金源にされていた。こうしたマスクの活動は、今のところアメリカの愛国者たちから好感を持って受け入れられている。

だが、私はこれまでマスクを「善」と認定したことはない。それはトランプ政権下でのマスクの働きを見てもなお変わらず「グレー」な存在とみている。マスクの背後には旧来の支配者勢力の影がチラつくし、「自分が世界の王になる」という自信過剰な独裁者気質の持ち主だという評判が、さまざまな情報筋から伝えられてくるからだ。現状ではトランプ新政権の目指す改革を強力に推進しているが、ことの次第ではマスクがトランプを裏切って、自分の権力拡張に動くことも十分にあり得るだろう。

ではトランプはどうか。こちらも完全な「善」とは思っていない。トランプ自身にもウイークポイントはいくつもあり、そこを突かれたとき、態度を豹変しかねない。ただし、そのビジネスマン的感覚から戦争を「損」と考えているところは評価している。トランプ新政権下でウクライナやイスラエルの戦争が早期終結に向かうことは確実で、さらにいえば、中国による台湾侵攻も起こることはない。

だが、トランプ政権下で第三次世界大戦勃発の危機が遠のいたかといえば、必ずしもそうとは言い切れない。トランプによって追い込まれたディープ・ステートが、最後の悪あがきでことを起こそうという動きは、今も世界の各所で起きている。

トランプがディープ・ステートを打倒して新たな世界を築くのか、それとも志半ばにしてマスクの裏切りや旧勢力による暗殺などで倒されるのか。世界がどちらの方向に進むかを決定づける争いは、まだしばらくの間、続くことになる。

戦後の日本は、実質的にアメリカの半植民地だった。しかし、日本の政治経済をメチャクチャにしたアメリカの旧支配層はすでに失脚している。だから日本人はただ世界が変わるのを待つのではなく、自ら変革を起こして早々に国の体制を立て直すべきだ。

世界の変化から取り残された日本では、政治もメディアも、いまだに旧勢力の描いたシナリオどおりに動いている。テレビは連日「トランプは独裁者だ」「考えの浅いポピュリストだ」などと批判を続けている。このような旧態依然とした状況が今後も続くようであれば、日本はディープ・ステートの活動拠点として利用され、ますます食い物にされる危険性もある。そうならないためには、日本人の一人ひとりが世界の流れと情報の真贋を見極める能力が必要となる。

本書は「トランプ革命」と激変する世界情勢についての記述に多くのページを割いているが、第4章では日本の現状分析と未来への提言も記した。ゆえに、読者にとって世界の流れと日本との関わりについて理解を深めることのできる、より有益な一冊になっているはずだ。そう私は信じている。

2025年2月

ベンジャミン・フルフォード

目次

アメリカと世界をぶっ壊す！

トランプとイーロン・マスクが創造する新世界秩序

第2章

イーロン・マスクの野望

第3章

世界を喰い物にしてきたディープ・ステート

第4章 トランプ革命の衝撃！ 日本の「大変革」と「再生」

終章

「世界の新体制」とトランプ革命の行方

［装丁］原田恵都子（Harada+Harada）
［本文デザイン＆ＤＴＰ］武中祐紀
［カバー・帯写真］TRUMP VANCE TRANSITION TEAM/EYEPRESS／Newscom／アフロ、ロイター／アフロ
［編集］片山恵悟（スノーセブン）

序章
ドナルド・トランプの「正体」

大統領就任式にいた2人のトランプ

2025年1月20日に行われた第47代アメリカ大統領就任式。そこには、明らかに2人のトランプがいた。

メラニア夫人とダンスを披露する場面で愛情たっぷりの様子を披露したトランプは、その時、顔をオープンにしていた。しかし、そのあとに来賓たちが待つ会場へ出ていったトランプは、帽子を目深に被り、顔の上半分がはっきりと見えないようにしていた。この会場に現れたトランプは「影武者」で、本物との違いを隠し切れないために深く帽子を被っていたのだ。

影武者などというと、たちまちうさん臭く感じる人も多いだろう。だが国家の指導者などのＶＩＰが、身の安全を守るために影武者を雇うことは、古来、当たり前に行われてきたことである。

動画配信サイトなどでは、ゴムマスク人間やレプティリアン（トカゲ型人間）などといった眉唾ものの映像情報も多く見受けられる。だが実際のところ、トランプのそっくりさんがたびたびニュースに取り上げられているように、似た顔の人間はいくらでも存在するし、現在の特殊メイクや整形の技術をもってすれば、瓜二つの人間を生み出すことはまったく難しい話ではない。

「ロシアのウラジーミル・プーチン大統領はこれまでに6人殺されていて、今は7人目だ」との情報も、FSB（ロシア連邦保安庁）から聞いている。

トランプの影武者が何人いるのか――。確実なことは言えないが、普段、トランプの別荘、フロリダ州のマール・ア・ラーゴにいるのが影武者であることは間違いない。

トランプが大統領選に勝利したあと、イーロン・マスクがマール・ア・ラーゴでトランプ一族と一緒にいる写真が公表された。全世界のマスコミはこぞってこの写真を記事にしたが、ここに写っていたトランプは明らかに「偽物」だった。

写真ではトランプの二つ隣に長男のドナルド・トランプ・ジュニア（トランプの最初の妻イヴァナの長男）がいた。公表されているジュニアの身長は185センチで、本物のトランプの身長は190センチだ。ところが件の写真のトランプはジュニアよりも背が低かった。さらに言うと、この集合写真にトランプの妻メラニアの姿がないことも影武者であることを裏づける証拠の一つだ。トランプの影武者は、ヒールを履いた身長が180センチのメラニアよりも背が低く、そのため隣に並んで立つことはない。

影武者を操る「P2フリーメイソン」

米軍筋によると、影武者のトランプがいるマール・ア・ラーゴには、バチカンの「P2フリーメイソン」の大幹部が出入りしているという。

P2フリーメイソンとは、イタリアに拠点を置くグランド・ロッジ（フリーメイソンの支部）のことで、1805年に設立された「イタリア大東社」の流れを汲む結社である。のちに詳述するが、このP2フリーメイソンは、イーロン・マスクをバックアップしている。

このことから見えてくるのは、P2フリーメイソンとマスクがトランプの影武者を操り、政権の実質的な黒幕になろうとしているという構図だ。

２０２４年7月13日、ペンシルベニア州バトラーにおける共和党の選挙集会で、トランプ暗殺未遂を演出したのもＰ２フリーメイソンだったと情報筋は伝える。その目的は大統領選でのトランプ勝利を確実なものにするためだったが、あれは完全な芝居で、英語でいうところの「ストリート・シアター」。要は町芝居であり、周りにいたＳＰや護衛たちも役者だったため、撃たれた芝居をする影武者のトランプを助けようとする際も、訓練された本物のＳＰのような動きができていなかった。

本物のトランプは、第一次政権が終わってからは、基本的にシャイアン・マウンテン空軍基地に避難している。米軍に守られながら、大統領選におけるテレビ討論会などの重要な場面だけは、本物が表に顔を出していた。

実際にトランプの命を狙っているは、大統領選でカマラ・ハリスを擁しトランプ潰しを図ったディープ・ステート勢力だけではない。トランプは第一次政権時、多くのイラン国民から尊敬されていたガセム・ソレイマニ司令官に対し、「外交交渉をします」と持ちかけながら、交渉中の２０２０年1月3日、米空軍の無人機の砲撃を浴びせて殺害した。国際通念上、外交交渉は安全が保障されるものだが、それをだまし討ちで殺してしまったのだ。

また北朝鮮の金正恩に対しても、北朝鮮と韓国の国境線で首脳会談を行った際に、その場で電磁波攻撃を行ったとする情報もある。

自分たちの指導者がだまし討ちにされたのだから、イランと北朝鮮がトランプに対して報復しようとするのは自然な考えだろう。

トランプのディープ・フェイク映像

影武者のトランプは、基本的に本物のトランプの主義主張をなぞるだけである。その意味では本物のトランプと違わないのだから、「影武者＝本物」と考えても差し支えはない。

影武者が過去のトランプの発言と矛盾したことを言うこともあるが、これは仕方のない部分もある。いくら影武者といえども、すべての政治マターを完全に把握しているわけではなく、そのため担当省庁の役人が用意したペーパーを読むことが多々あるからだ。この時に、たとえばイスラエルによるガザ虐殺に肯定的な役人が用意するペーパーと、否定的な役人の用意したペーパーでは微妙にニュアンスが異なる。

本物のトランプであれば自分の考えに合わせて修正した発言もできるが、影武者は用意されたペーパーをそのまま読むことしかできない。アメリカ大統領はあらゆる利権の代表者であるため、さまざまな方面からの要望が寄せられる。用意されるペーパーもその要望に応じて違ってくる。そうすると、どうしても影武者では微調整できない部分があり、発言には齟齬が出てしまうのだ。

歴代の大統領をみても、その発言がコロコロと変わることは珍しくなく、先月と今月で発言内容が矛盾するといったことは多々あった。相反する利権のどちら側が渡した台本を選択するかによって、内容が変わってくるためだ。

この時にややこしいのが、トランプ陣営の擁する影武者トランプとは別に、敵対陣営がつくりあげた「完全なる偽者のトランプ」も存在することだ。

影武者トランプは本物の身の安全を確保するために用意されたものだが、偽者トランプはトランプの評判を落とすために暴言を吐き、悪行を振るうことを目的としている。

とくに大統領選の最中は、偽トランプの暴言によってトランプ本人の人気を下落させるための工作が、敵陣営＝ディープ・ステートによって頻繁に行われていた。

偽トランプとは、いわばSNS上での成りすましを、より高度にしたものだと考えればわかりやすいだろう。

ディープ・フェイクやAI音声で偽トランプの映像をつくり、それに暴言を吐かせてネットメディアで拡散するだけだから、影武者を用意するよりも簡単だ。私自身も、自分で市販のソフトを使って、自らジョー・バイデンの顔になり発言する動画をつくり、自身の英語版サイトにアップしたことがある。映像の専門家ではない私でもそれなりのものをつくることができるのだから、本職の手にかかれば、本物と寸分違わないトランプを映像化することは簡単だ。

このような、影武者や偽者の話を受け入れられないという読者も多いだろうが、偽者をつくり出すことは特殊メイクや整形、AI技術の進化で容易になっており、実際かなり高度な技術が世界中に浸透している。現実社会でも、著名人になりすましてインチキなサイトへ誘導する詐欺行為が頻発しているが、その高度なものが

「偽トランプ」なのである。

トランプがNYで選挙集会の〝怪〟

メディアを通して目にするトランプが本物か偽者かを見極めるには、その時々の発言に注目すればいい。たとえば高度な技能を有する外国人技術者の就労を受け入れることを目的としたH－1Bビザについて、偽トランプは以下のように発言している。

「私はいつも（H－1B）ビザが好きで、常にこのビザを支持している」

しかし、本来トランプは第一次政権の発足前から「H－1Bビザの規制強化」を強く主張していたから、こんな発言はしない。

実際問題、アメリカではH－1Bビザの詐欺的な悪用が横行している。人身売買業者が外国人＝不法移民を大量にアメリカに連れてきて、4週間ほど英会話などの基礎技術トレーニングの訓練を受けさせたあとに偽の履歴書を作成して、企業に送り込んでいる。その際に人身売買業者は不法移民が取得する給与の半分以上を強奪している。しかも、そんな外国人労働者に仕事を奪われ、多くのアメリカ人が失業する事態となっているのだ。

異なる発言をしていても、多少のニュアンスの違いであれば、「考えの変化」ということで通用するだろうが、１８０度違うとなれば偽者と疑われるのは当然だ。

さまざまなメディアで伝えられるトランプの暴言のなかには、ＣＧとＡＩ音声、あるいはそっくりさんが扮する偽トランプによって発せられたものが少なからず含まれている。

大統領選の最終盤、２０２４年10月27日に、ニューヨークのマディソン・スクエア・ガーデン（ＭＳＧ）でトランプ陣営の集会が開かれた。

長年ニューヨークでビジネスを手掛けてきたトランプにとって、ＭＳＧで集会を開くことは夢だったというが、ニューヨークは常に民主党が勝利してきた州である。集会をやったところで選挙戦に有利に作用する見込みはない。投票まであと10日ほどしかないこの時期、他の激戦区に入って選挙活動をするのが当然の選挙戦略であり、わざわざ選挙戦の最終盤にニューヨークに出向くこと自体がまずあり得ない。

トランプはＭＳＧの集会で「バイデン政権は、不法移民を連れてくることにお金を使いすぎて災害対応の資金がなく（２０２４年10月１日のハリケーンで甚大な被害を受けた）、ノースカロライナの人々は援助を受けられずにいる」「（バイデンが招き入れた不法移民のせいで）ニューヨークの犯罪は激増している」などと発言し、これ自体はいつものトランプ節ではあった。

ところが、この日、応援弁士として登壇したコメディアンのトニー・ヒンチクリフが、プエルトリコについて「海に浮かぶゴミの島」と差別的な発言をしたことが問題になると、後日トランプは「自分はあのコメディアンの男を知らない。会ったこともない。なぜあそこに彼がいたのかもわからない」とコメントした。ＭＳＧでの集会自体が偽トランプによって開催されたものだったから、本物のトランプが「知らない人間が応援に立つ」という事態が発生したのだ。

だったらトランプ自身が「あそこにいたのは私ではない」と言えばいい――そう考えるかもしれないが、トランプ本人も自陣営の影武者なのか敵陣営の偽者なのか、すぐにはわからないほど事態は複雑に入り組んでおり、ニューヨークで集会を開いた目的すらわからないというのが大統領選の実情なのだ。

ワシントン近郊での航空事故

2025年1月29日にアメリカのワシントン近郊で発生したアメリカン航空の旅客機と米軍のヘリコプターの空中衝突事故では、両機とも市内を流れるポトマック川に墜落して、乗員乗客は全員死亡した。

この事故に関して、最初に私が米軍筋から得た情報は「この事故で米軍良心派のとても重要な影武者が亡くなった」というものだった。米軍良心派はトランプをバックアップしている勢力である。

亡くなったのが誰の影武者だったかまでは明かされなかったが、米軍良心派にとっての重要な影武者といえばトランプ以外に思い当たらない。その影武者の乗ったVIP用のヘリコプターが、サウジアラビア大使館を出たあとに、遠隔操縦されて旅客機に激突したのだという。

だがその後、英国MI6筋から「暗殺されたのはトランプ本人だった可能性がある」という衝撃の情報が伝えられた。確定的な話ではないものの、この事故の直後からトランプの言動は以前と比べて大きく変化している。

その事例のひとつが「イスラエルとガザ」に関する発言だ。事故の前は「避難していたパレスチナ住民はみんなガザ北部に戻れる」と話すとともに、大勢のパレスチナ人が帰還する様子を動画で紹介していた。ところが事故後のトランプは、ガザを「解体現場」と呼び、「現在のガザ地区には150万人ほどの人がいるが、私たちはそれを一掃する」と言い放った。この発言に対して国内外から相当な反発が起こると、トランプ政権は「これは平和のための計画であり、ガザ住民の移住は一時的なものだ」などと言い訳を始めている。

なおこの時、トランプはガザの住民を「150万人」と言っているが、イスラエル軍による虐殺行為が始まる前のガザ地区の人口は約220万人だった。ということは、70万人もの人々がイスラエルの攻撃によってガザを追われたか、もしくは殺されたことになる。そのこと自体が明らかな戦争犯罪であり、トランプの発言はそれを黙認しているも同然なのだ。

しかもイスラエルとハマスの間の停戦合意が始まる2025年1月19日の直前に

は、トランプの娘婿であるジャレッド・クシュナーが代表を務める投資会社「アフィニティ・パートナーズ」が、パレスチナ再建に関わるであろうイスラエル企業「フェニックス・ファイナンシャル・アンド・インシュアランス」の株式の10％近くを買収していたこともわかっている。

また旅客機と軍用ヘリコプターが空中衝突する事故が起こる前のトランプは、経済学者ジェフリー・サックスがイスラエルのベンヤミン・ネタニヤフ首相を「根暗で陰険なクソ野郎」「ネタニヤフがアメリカの外交政策を操作し、中東で〝終わりのない戦争〟を画策している」などと非難している動画を、自身が立ち上げたSNSサイト「トゥルース・ソーシャル」でシェアしていた。つまり明らかにネタニヤフに批判的な立場を取っていたわけだ。

ところが事故後の2月4日に行われたトランプとネタニヤフの会談の際にトランプは、まるでご主人様にかしずく執事のように、ネタニヤフが座るのに合わせて椅子を引く様子を世界にさらしている。

さらにEUに所属する国の首脳の一人からは「トランプは、ネタニヤフをICC（国際刑事裁判所）で起訴するために、欧州を訪問する予定だった」という話を聞いていたのだが、突如その予定がキャンセルされた。そしてトランプは、「ネタニヤフに逮捕状を発行したのは不当だ」とＩＣＣを非難するとともに、ＩＣＣを制裁対象とする大統領令に署名している。

イーロン・マスクへの「疑惑」

その他にも航空事故の前後で、トランプの言動は大きく変わっている。もしも1月29日の航空事故でトランプが暗殺されたのだとしたら、その黒幕はいったい誰なのか。トランプがいなくなることで最も得をするのはイーロン・マスクだ。以前からマスクの裏には国防総省の諜報機関ＮＲＯ（アメリカ国家偵察局）がいるといわれてきた。現在のアメリカにおいて、ヘリコプターや旅客機を遠隔操作する技術を持っているのはＮＲＯを含めた限られた機関しかない。

大統領選では熱烈にトランプを応援していたマスクだが、新政権が正式に発足してからしばらくの間、マスクはどこか蚊帳の外に置かれたような状況にあった。

大統領就任式より前、マスクは「ホワイトハウスの本部ビル内に自身が指揮するＤＯＧＥ（政府効率化省）のオフィスを持つ」と各所で公言していたが、いざトランプ政権がスタートすると、ＤＯＧＥの事務所はホワイトハウスから離れた建物に20人ほどが働ける小さなオフィスしか与えられなかった。また、トランプが執務するホワイトハウス西棟へのアクセスも遮断されていた。マスクは第二次トランプ政権発足の立役者の一人でありながら、どこか冷遇されている節があったのだ。

しかし、事故後のマスクは「自分こそがアメリカの影の大統領である」と言わんばかりのアピールを再び始めた。世界で最も有名なニュース雑誌のひとつである『タイム』の表紙では、大統領執務机に座るマスクの写真まで披露された。またＰ２フリーメイソンは「あらためてマスクをアメリカの大統領にするつもりだ」と話していると情報筋から伝えられた。

欧米当局は「トランプ暗殺」の有無についての事実確認を進めている。イギリス当局の情報筋からは「現在のトランプが本物であろうが影武者であろうが、アメリカがすでに倒産している事実は変わらない」との話も出ている。トランプの生死よりも、アメリカの国家としての倒産を注視する勢力があるのも事実なのだ。

第1章

ディープ・ステートを壊滅せよ!

連発された「大統領令」の衝撃

「アメリカは崩壊しつつある。安全、国家安全保障、民主主義が激しく侵食され、国全体が崩壊しつつある、それを止められるのは、力と強力なリーダーシップだけだ」

2025年1月2日、ドナルド・トランプは大統領2期目を迎えるにあたって、このような意気込みを、自身の立ち上げたSNSプラットフォーム「トゥルース・ソーシャル」に投稿した。

正式就任となった1月20日には「就任初日に100以上の大統領令に署名する」という事前の宣言には及ばなかったものの、歴代最多となる26の大統領令にサインをしており、それ以降も次々と大統領令を出し続けている。

以下に、これまでにトランプが署名した主な大統領令を抜粋しよう（2025年2月時点）。

●メキシコ、カナダからの輸入品に25％、中国には10％の追加関税を課す（猶予期間あり）
●メキシコとの国境へ軍隊を派遣し、国境の壁を追加で建設する
●米国籍を与えるルール「出生地主義」の見直し
●麻薬カルテルやそれに類する組織を外国テロ組織に指定
●難民受け入れプログラムに基づく難民の米国への入国を一時停止
●電気自動車の普及策を撤廃
●政府機関の人員削減などを執行する「ＤＯＧＥ（政府効率化省）」を新設し、同省トップにイーロン・マスクを指名
●男性と女性という二つの性だけを認めることを、国の政策とする
●女性を自認するトランスジェンダー選手が女性競技に参加することを禁止
●ＤＥＩ（多様性・公平性・包摂性）を推進する政府内の取り組みを廃止
●特定のジェンダーや人種を優遇する学校教育をやめて、代わりに愛国教育を推進
●TikTokの米国内でのサービス停止を猶予

●ＷＨＯ（世界保健機関）からの脱退
●気候変動対策の国際ルール「パリ協定」からの離脱
●新型コロナウイルスワクチンの接種拒否を理由に除隊された兵士に、復職の機会を与える
●気候変動やＬＧＢＴＱ支援、新型コロナウイルス対策などに関するバイデン政権の政策78件を取り消し
●２０２１年1月6日の連邦議会議事堂襲撃事件により有罪とされた約１５００人に恩赦を与える
●北米最高峰デナリを旧称のマッキンリーに戻し、メキシコ湾はアメリカ湾に改称する
●暗号通貨などのデジタル資産の利用を促進する一方で、中央銀行の発行するデジタル通貨は禁止
●ジョン・Ｆ・ケネディ大統領暗殺事件に関する非公開になっていた資料を公開
●紙ストローの使用強制を終了

これらのなかには議会の信任を必要とするものもあり、必ず実行されるわけではない。だが、いずれもバイデン政権からの大きな変革であることに違いなく、政府機関の人員削減についてはすでに数千名の幹部クラスを含む職員をクビにしている。たとえば、ハンター・バイデン(バイデン前大統領の次男)の「ラップトップ事件」を隠蔽した連中だ。

「ラップトップ事件」とは、ハンター・バイデンの汚職にまつわる疑惑のこと。2019年、ハンターが修理工場に忘れたノートパソコンに残されていたのは、ハンターが当時、副大統領だった父親ジョー・バイデンの地位を利用して自社に有利になる取引を図った疑いが持たれる電子メールなど。これについて政権幹部や主流メディアは「ロシアの偽情報」として処断したが、この件をスクープした『ニューヨーク・タイムズ』紙は2022年、「ノートパソコンのキャッシュや電子メールに詳しい専門家たちの調査で、ハンター自身のノートパソコンであることが確認された」としている。

トランプ政権はこの事件に関連した米政府内の人間たちを大量に解雇する方針で、財務省や司法省、FBI(連邦捜査局)などで事実、多くの幹部職員が更迭された。

また、トランプ支持者たちによる議会襲撃事件の恩赦に関連しては、事件に関する多くの暴露動画が、今後続々と発表されると聞いている。その主な内容は「平和的なデモをしていた人たちが、議会を護衛する警察からいきなり発砲されて、デモ隊は自分たちの身を守るために銃を出し、それが理由で逮捕された」といったものだという。このようにして事件を〝演出〟した黒幕たちが、今後大量に逮捕されることになるというのが米軍情報筋からの情報だ。

FBIやCIAも……省庁の破壊的改革を断行

省庁の改革も断行している。

1月31日、財務省の決済処理システムの統括責任者だったデビッド・A・レブリックが突然辞任した。レブリックは「社会保障やメディケア給付金の分配」「政府職員の給与や政府請負業者、補助金受給者への支払い」「税金の還付」など、年間6兆ドル以上の資金の流れを管理する政府決済システムの最高責任者だった。

財務省の決済システムにアクセスして監査を行ったイーロン・マスクは自身のXアカウントに「財務省の支払い承認担当者が既知の詐欺グループやテロ組織に対しても、常に支払いを承認するよう指示されていたことを発見した。彼らはこれまでのキャリアを通じて一度も支払いを拒否したことがなかった」と投稿していて、その直後のレブリックの辞任劇であった。

これはトランプ政権が「米国内のドルの管理」の主導権を、FRB（連邦準備制度理事会）に巣食う旧権力者たち＝ディープ・ステートから奪おうとしているサインだ。トランプが正式就任する直前の1月14日には自身のSNSに「アメリカはあまりにも長い間、IRS（内国歳入庁）を使って国民に課税することに頼ってきた。情けないほど弱い貿易協定を通じて世界の国々に成長と繁栄をもたらしてきたが、今こそそれを変える時だ」と投稿しており、ここからも旧権力者排除にかけるトランプの強い意志が感じられる。

さらにトランプは1月25日、「IRSの職員、約9万人を解雇するか、もしくはアメリカとメキシコの国境警備にIRSの職員を派遣することを検討している」と支持者の前で発言した。つまり、トランプは日本の国税庁に相当するIRSを廃止しようというのだ。

トランプはＦＥＭＡ（緊急事態管理庁）についても廃止を検討するという。ハワイやロサンゼルス、ノースカロライナ州の大災害において、ＦＥＭＡは救援活動をするどころか、ディープ・ステートによる事実上の「地上げ」に加担していたのだから、廃止されるのは当然のなりゆきだ。

ハワイとロサンゼルスの大火災、ノースカロライナのハリケーンは自然災害ではなく、指向性エネルギーによるレーザー攻撃や天候兵器を駆使するディープ・ステートの連中が起こした人為的な攻撃だったと情報筋から聞いている。その目的のひとつは、災害に乗じた土地の買収であり、ＦＥＭＡはそれに加担したというわけである。

トランプはＦＢＩなどを管轄するアメリカ司法省（日本の法務省に相当）の改革にも乗り出した。司法省は1月27日、トランプに対する刑事捜査を担った職員ら10人以上を解雇。同31日には、議会襲撃事件に携わった検事約30人を解雇している。司法省に関する調査は、民主党の最高指導者や元司法省職員にまで拡大される見込みだという。

トランプ新政権においてFBI長官に指名されたカシュ・パテルは、1月30日に行われた上院の指名承認公聴会の場で「FBI長官として承認されれば、ジェフリー・エプスタインの性的人身売買ネットワークを壊滅させ、すべての情報を米国民に公開する」と約束した。この公聴会においてルイジアナ州選出のジョン・ニーリー・ケネディ上院議員は「これまで陰謀論だといわれてきたものが、すべて真実であることが判明した」とコメントしている。

もちろん、トランプはCIA（中央情報局）にもメスを入れることになる。「トランプがメキシコの麻薬カルテルを外国テロ組織に指定したことは、CIAの麻薬部門にケンカを売ったに等しい」と米軍筋は話す。CIAは麻薬利権の多くを押さえているからだ。

不法移民による〝内乱〟を画策していたソロス

メキシコとの国境には軍を派遣し国境警備にあたらせて、実質的にメキシコからアメリカへの不法入国ができなくなっている。税関においても「メキシコ人は入れるな」との命令が下された。

さらにトランプは、南部国境の非常事態を宣言し、国境警備隊に銃撃戦を仕掛けたメキシコの麻薬カルテルとの〝戦争〟を表明した。憲法上、議会の承認がなければ陸海空軍を戦争に投入することはできないが、海兵隊だけは大統領権限で動かすことができる。

不法移民を擁護する人々は「アメリカの労働環境を支えているのは不法移民だ」などと主張する。たしかに農作物の収穫作業など、いわゆる3K仕事においては不法移民に頼っている部分もある。

だが雇用統計などを見ると、近年は仕事を必要としているアメリカ生まれのアメリカ人が多くいるにもかかわらず、その仕事を格安外国人が奪っていることが明らかになっている。不法移民がアメリカ人の職を奪っているのが実態なのだ。

また公共事業においては、道路を掘り返してそのまま埋めるというような、まったく無駄な労働を不法移民たちにやらせていた。無駄な工事でも一応の経済活動があったことにはなるから、それがGDPの上昇に反映されることになる。そのようにしてまで不法移民たちにお金を渡していたわけだから、そんな不法移民がいなくなったところで大きな社会問題にはならない。それでも、マジメに働くならまだマシだが、ほとんどの不法移民は仕事をしておらず、政府からお金をもらって暮らしている。

昔からアメリカには多くの不法移民がいた。しかしバイデン政権においては、そこにプラスしてさらに大量に招き入れた。

実際問題、今ではニューヨークなど大都会の中心部が、不法移民たちの狼藉によって無法地帯になっている。街角でうろちょろしている麻薬の売人や、訳のわからない不法移民の連中は、全員がデビットカードを所持している。そのデビットカードの財源となっているのは、ソロス財団が発行した債券だ。

この財団は「アメリカに行けばこれだけのお金をあげる」と言ってデビットカードを不法移民に手渡し、結果、彼らは仕事もせずに暮らすことになる。ソロス財団はそのように招き入れた大量の不法移民による内乱を画策していたのだ。

バイデン政権期にアメリカへ入ってきた不法移民たちは、とくに怪しい者が多い。彼らは「ここで待機してお金をもらって生活していろ」と命じられ、いったんことが起こればアメリカのあちらこちらに用意された武器庫から武器が与えられ、軍事行動を起こす計画だったという。

「トランプ革命」とはディープ・ステートの排斥

トランプはバイデン政権時代の移民政策を強く批判している

欧州でも移民への対応を厳格化する動きが続いている。2015年に「欧州難民危機」と呼ばれる大量の難民流入があり、その結果、ドイツ、フランス、イギリス、スウェーデン、フィンランドなど多くの国で、移民に厳しい姿勢をみせる政党が議席を伸ばした。移民対策の強化は欧米では主流になっており、これは反DEIにもつながる。そしてトランプは、連邦政府内のDEI（多様性、公平性、包括性）を促進する部署を事実上閉鎖した。

就任直後にはコロンビアからの不法移民を軍用機2機に乗せ、強制送還を実行している。コロンビアのグスタボ・ペトロ大統領はいったん受け入れを拒否したが、トランプは即座にコロンビアからの輸入全品に25％の関税をかけるとともに、コロンビア政府高官に対するアメリカへの渡航禁止とビザの取り消しを宣言。コロンビア政府はこれを受けて不法移民の引き取りを了承し、トランプも関税などの処置を撤回した。

ＣＩＡ筋は、こうしたトランプの即断即決の行動力は米軍のバックアップによって支えられているとして、「今回のアメリカ大統領選はトランプ勝利という形の軍事クーデターだった」と話す。

コロラド州にある地下要塞シャイアン・マウンテン空軍基地を拠点とするトランプの指揮下にある米軍の改革勢（米軍良心派）が、長年にわたりアメリカの全権を掌握してきたディープ・ステートを排斥する。それが「トランプ革命」である。

ウクライナ戦争やガザの虐殺、コロナワクチンによる大量殺人等々を推進してきたディープ・ステートの政策を、トランプが止めようとしているのだ。

ウクライナ戦争とイスラエル問題の劇的解決

トランプは武器供給を含むすべてのウライイナ支援を停止する大統領令に署名し、ウクライナ戦争に携わっていた米軍関係者を全員クビにした。今後はバイデン政権が「ウクライナ支援金」として拠出した資金の流れについても調査を始めるという。

2024年に発表された米国防総省監察総監の報告によると、アメリカが「ウクライナ支援」として2年間で拠出した1130億ドルのうち、実際にはおよそ450億ドルしか現地に届いていなかったという。これについてはウクライナのウォロディムル・ゼレンスキー大統領も「アメリカからの支援金は、ほとんどウクライナに届いていない」と公式に発言している。

資金の流れについての調査が終われば、ウクライナ絡みの横領や汚職をめぐって大物権力者らの逮捕劇が始まるのは必至だ。それと同時に、ウクライナで臓器売買や人身売買、児童虐待などの犯罪に関与した人間の戦犯裁判も予定されていると米軍筋は話している。

米軍筋はイスラエルに関しても「トランプがガザの虐殺を止めさせた」と伝える。ガザ攻撃の口実をつくるために自作自演テロを指揮したイスラエル軍の幹部たちもすでにクビになり、これからイスラエルはガザ地区を再開発して、パレスチナ人の手に戻すことになるという。水面下の交渉では「イスラエルを終わらせて、ユダヤ国（仮称）という新国家を樹立する」との議論も活発化している。そうなった場合、ネタニヤフの背後にいるイスラエルの権力者たちはアメリカに亡命する約束になっているという。

トランプは新型コロナ騒動とコロナワクチンを推進した勢力にもメスを入れるつもりだ。その手始めとしてＷＨＯからの脱退を宣言した。それと並行して米国内でも食や医療の安全を監督する保健福祉省内のＦＤＡ（食品医薬品局）とＣＤＣ（疾病予防管理センター）、ＮＩＨ（国立衛生研究所）の活動停止を命じた。これら3つの機関が新型コロナ騒動の渦中で行ってきた犯罪行為について、調査が始まるのも時間の問題だ。

すでにトランプは新型コロナウイルス対策を主導したＮＩＡＩＤ（アメリカ国立

アレルギー・感染症研究所）の前所長、アンソニー・ファウチ元大統領首席医療顧問の公的負担による警備を解除している。他にも元ＣＩＡ長官や元ＮＳＡ（国家安全保障局）長官、軍の元最高司令官など複数人の高官たちが警備を解除されており、彼らは今後逮捕され、軍事裁判にかけられることになるだろう。

ケネディ・ジュニアの剛腕

ＭＡＧＡ（メイク・アメリカ・グレート・アゲイン）の一環として、ＭＡＨＡ（メイク・アメリカ・ヘルシー・アゲイン）が始まる。

環境活動家でコロナワクチン懐疑派として知られるロバート・ケネディ・ジュニアは正式に厚生長官就任が決まると、高らかに「ＭＡＨＡ」を宣言した。

トランプは大統領選の期間中から「製薬会社を調査する特別委員会の設置」を公約に掲げ、その権限をケネディ・ジュニアに付与することを約束してきた。ケネディ・ジュニアの重用の理由には集票目的もあったが、正式に厚生長官となったことで、今後トランプが心変わりした場合でもなんらかの形で製薬業界にメスが入ることになる。

トランプの勝利が確定すると、その直後に大手製薬会社5社のCEOが緊急電話会議を開いている。ケネディ・ジュニアの厚生長官起用に反対する医師たちの署名も寄せられたが、これは医療利権を手放したくないディープ・ステートによるインチキだった。この署名システムは誰でも医者を名乗れるようになっており、これを実施したのはビル・ゲイツ、ソロス財団、マーク・ザッカーバーグの寄付を受けている団体だった。

ケネディ・ジュニアは世界経済フォーラム（ダボス会議）を批判して、「世界経済フォーラムは世界の富を吸い上げ、人々には全体主義的な統制を押しつける億万長者たちのボーイズクラブだ。彼らが世界の指導者たちに、憲法や公民権を無視する方法で統治すべきと指示してきたことは驚愕に値する」と公式に発言している。

厚生長官就任に向けた公聴会では、質問に立った左派として知られるバーニー・サンダースに対して、「あなたは製薬会社から250万ドルもの献金を受けているではないか」と暴露して青ざめさせた。

トランプは「既存権力体制の変革」を米国民に約束し、それを期待されて大統領に選出されたわけだが、その約束がトランプに反故にされることのないよう、ケネディ・ジュニアはダグラス・マクレガー米軍退役大佐と二人で撮った写真を公開している。これは「ケネディ・ジュニアの製薬会社への圧力は、軍の了解を得ている」というメッセージだ。

ケネディ・ジュニアはさらに、アメリカ人の肥満対策にも乗り出すという。現在アメリカ人の74％が肥満体で、この対策としてバイデン政権時には「オゼンピック」という薬を大量に買い入れ、6歳の子供にまで配る予定をしていた。オゼンピックを開発したのはデンマークの製薬会社で、その背後には当然ディープ・ステートがいる。

このオゼンピックはもともと糖尿病治療薬であり、デンマークではオゼンピックを「やせ薬」として使用することを推奨していない。それをアメリカ人たちの膨大な税金で買うことを予定していたわけだが、その薬代の半分もあれば、すべてのアメリカ人がスポーツジムに通い、有機栽培野菜を食するための代金を半額にできるという。デンマークの製薬会社へ支払われる金額はそのレベルだった。そんな肥満対策の制度自体がおかしいと、ケネディ・ジュニアは主張しているのだ。

医療従事者だけでなく、医学雑誌の編集者やオーナーの不正に対してもケネディ・ジュニアは目を光らせている。

「医療従事者たちが患者を治療する際、頼りにする医学誌が医薬品業界などから賄賂を受けるなどの不正を働けば、患者を傷つけたり殺したりする可能性がある」として、過去の記事を精査したうえで、悪質なものは傷害罪だけでなく、恐喝罪や詐欺罪で起訴することを示唆している。

トランプ政権「新閣僚」たちの実力

ＦＢＩ長官に指名されたカシュ・パテルも注目すべき一人だ。これまで国防総省の高官などを務めてきたパテルは、かねてからトランプを捜査したＦＢＩを批判して「ＦＢＩの本部ビルを閉鎖し、ディープ・ステート博物館として開放する」と主張している。また、２０２３年に刊行した自身の著書では「逮捕すべき悪人」

として政府高官ら約60人の名前を列挙しており、正式就任後にこれを実行するかどうかが注目される。逮捕されるべき60人のなかにはバイデン前大統領や、米軍制服組のトップだったマーク・ミリーも含まれている。

児童に対する性的虐待についても「国民に真実を伝え、これからそのような犯罪を起こさない、起きないようにする」と語っているが、これについてはどこまで追及できるか不透明だと情報筋は伝える。

国防長官に任命されたピート・ヘグセスは、元ミネソタ州兵で近年はＦＯＸニュースで司会者やコメンテーターを務めてきたが、米軍良心派のダグラス・マクレガー元米軍大佐はあまりヘグセスのことを評価していない。おそらく実権は握らずに、広報マンに徹することになるだろう。

日本の報道でも目にすることの多いキャロライン・レビット報道官は同職では史上最年少となる27歳だ。歯に衣着せぬ発言で注目を集めるが、彼女はあくまでも広報担当であり、ずっとトランプについてきたことに対するご褒美をもらった格好だ。

面白いのは、バイデン政権までは大手マスコミが仕切ってきた記者会見にブロガーやユーチューバーとされる人々を入れたことだ。かつての報道官の記者会見では、最初にAP通信が質問をして、そのあとにリベラル系のニュース専門チャンネルMSNBCなど大手マスコミが続く形だったが、その決まりを撤廃した。大手マスコミを「時代遅れのレガシーメディア」と位置づけているのだ。AP通信にいたっては、大統領執務室や大統領専用機での取材も許されていない。

ただし、誰でも会見に参加できるわけではなく、ホワイトハウスの審査を受けて、一定の読者数や実績があれば記者証を発行される仕組みになっている。日本ではフジテレビホールディングスによる2025年1月27日の記者会見で、「誰でも入れる」となったために、10時間を超える収拾のつかない会見になってしまったが、その点は担保されている。

司法長官には当初、マット・ゲーツ下院議員が指名された。だがゲーツは、過去に「未成年者に対する性的人身売買」の容疑で司法省の捜査を受けた経歴のある人物であり、そんなゲーツを司法長官に指名したということは、トランプ政権はやはりエリートセレブの「小児性愛・脅迫ネットワーク」にメスを入れるつもりはないのかもしれない。

結局ゲーツは辞退してパム・ボンディが指名された。ボンディはフロリダ州の前司法長官で、トランプの側近らが集まる保守系シンクタンクの主要メンバーだ。トランプに対する弾劾裁判にも弁護団の一人として参加している。現時点では論功行賞の意味合いが強い人事といえよう。

副大統領に就任したＪ・Ｄヴァンスは、ワクチン利権で多額の収益を得た人物だと聞いている。現時点でトランプ支持であることに違いはないが、今後どうなっていくかは不透明だ。

なお、２０２４年にプーチンのインタビューを行い、〝トランプの右腕〟とも評された元ＦＯＸニュースの看板キャスター、タッカー・カールソンの息子が、ヴァンス副大統領報道室の副報道官として加わっている。カールソン本人は、外部メディアの立場からトランプを支援していくことになるのだろう。

ケネディ暗殺指令を出した人物とは？

トランプは「ジョン・Ｆ・ケネディ暗殺」に関する非公開文書の機密解除を命じ

る大統領令に署名した。このことはとてつもなく大きな意味を持っている。

ケネディが暗殺された理由は、ＦＲＢや他の国々の民間中央銀行から通貨発行権を奪おうとしたからだ。ケネディはインドネシアのスカルノ大統領（当時）と共謀して、１９６３年６月４日、ＦＲＢから通貨発行権を取り戻すべく大統領行政命令第１１１１０号を発令し、財務省に政府紙幣の発行を命じた。実際に政府紙幣である通称「ケネディ紙幣」も発行されている。だが、それから約半年後、ケネディは暗殺された。暗殺命令を下したのは当時のイスラエル首相だったダヴィド・ベン＝グリオンだとディック・チェイニー元国防長官は明かしている。ベン＝グリオンから指令が出て、アメリカの実行部隊が動いたのだ。

ベン＝グリオンはイスラエルの初代首相を務めた人物である。世界経済フォーラムやＢＩＳ（国際決済銀行）、国連、ＥＵ、ＦＲＢ等々を支配している「オクタゴン・グループ」の傀儡指導者だった。オクタゴン・グループとは、私がハザールマフィア（ディープ・ステート）と呼ぶ欧米権力者たちの上位機関を指す。

つまりケネディ暗殺は、ディープ・ステートの掌握していた通貨発行権を守るため、それを邪魔するケネディを排除した事件だったのだ。財務省が通貨を発行する権利をＦＲＢから取り戻して実際に発行しようとした歴代大統領は、ケネディ以外もすべて暗殺されている。

ＦＲＢについては「アメリカ中央銀行」などと訳されることも多いために、政府組織と勘違いする人も多いが、実際には民間の持ち物だ。民間企業だから、通貨発行によって得られる利益は当然、ＦＲＢの株主たちに吸い取られている。

長年の取材でわかったことは、ＦＲＢをはじめとする世界の中央銀行の裏側にいるのが、欧州と中国の王族ということだった。中国の王族グループは唐や宋、明の王朝の末裔で、現在は台湾に拠点を置いている。蒋介石の妻だった宋美齢もその一員で、中国語ではソン・メイリンと読む。これは漢族の名門である「孫氏」につながる。孫正義もこの名門一族に列する一人とされ、彼がなぜいきなり１０００億ドルもの大金を動かすことができるのかというと、通貨を発行する側のメンバーだからである。

オクタゴン・グループとの全面戦争

オクタゴン・グループの欧州側のメンバーは、英国皇室、ハプスブルク家、オランダ王室、イタリア貴族のトップでかつてイタリアの王様だったビクトル・エマニュエル（イタリア語読みではヴィットーリオ・エマヌエーレ）の一族などだ。第二次世界大戦以降、表向きはイタリアの王様はいなくなったが、その血脈は現在も続いている。そのような王族が、世界の中央銀行といわれる組織の最上部にいるのだ。

これまではロスチャイルド家が各国の中央銀行を支配していると考えられていたが、実際のロスチャイルド家は王族に仕える番頭のような存在であった。権力がないわけではないが、純然たるトップでもない。最上位にいたのは王侯貴族であり、本当に力のある人間については顔も名前も知られていない。ロスチャイルド家は彼らの代わりに顔役となり、真の支配者の存在をカモフラージュしていたのだ。

ＦＲＢが米国民と米政府のものでないとなれば、そのような民間中央銀行に代わる機関をつくらなければならない。

　トランプがケネディ暗殺機密の公開を宣言したことはその第一歩となるはずだ。最終的に世界銀行やＩＭＦ、ＢＩＳは現在とはまったく違う形のものに変わり、まったく違う人間が管理することになるだろう。そのためにはまず、これまで司令塔だったオクタゴン・グループのメンバーを失脚させなければならない。

　ケネディ暗殺情報が公開されれば、トランプはオクタゴン・グループとの全面戦争に突入する。イスラエルとアメリカが決裂することにもなるだろう。事実、長年にわたり「アメリカの影の大統領」といわれていたイスラエル首相のネタニヤフは、トランプの大統領就任式に呼ばれなかった。

　ただし、ケネディ暗殺機密公開を命じる大統領令にサインはしたものの、公開までには多くの障害がある。世界中のマネーの権利を懸けた戦いであることから、オクタゴン・グループ側も必死に抵抗するのは当然のことで、それこそ第三次世界大戦が起きても不思議ではないレベルの話なのだ。

　ケネディ暗殺機密公開をめぐる暗闘のなかで、トランプをバックアップする米軍良心派が、第三次世界大戦を阻止できるかどうかによって、今後の世界の趨勢が決まる。私はそう考えている。

「9・11」と「エプスタイン事件」の真相

トランプは第一次政権の時、9・11の真相についてすべてを公開すると公言していたが、第二次政権では現時点（2025年2月）で9・11への言及はない。9・11について公開しないことの理由としては、その首謀者がトランプ政権の黒幕である可能性が考えられる。

米軍に深く関与するグノーシス派イルミナティ――。世襲により世界支配を続けてきたディープ・ステートに対し、グノーシス派イルミナティは能力主義を唱える一派だ。9・11はそのグノーシス派イルミナティが、ディープ・ステートの悪行を世に暴くために、あえて穴だらけの計画をディープ・ステートに提案して実行させたものだったというのが、さまざまな情報を調査したうえでの私の考えだ。これまでにもたびたび触れてきたが、9・11については調べれば調べるほど、「自作自演」

が疑われる不可解な点がいくつも出てくる。

そしてトランプを大統領にしたのも同じくグノーシス派イルミナティ（アメリカでは米軍良心派）である。そのためトランプは、9・11が同志の工作であることを知って、この件に触れなくなったのではないか。

「エプスタイン文書」の公開についても、かなり不透明である。

エプスタイン島で起きたとされる有力政治家やセレブによる児童虐待スキャンダルについては、さまざまな証言が出ている。島で性奴隷にされていたある女性が、自分が犯されている時期にバーニー・サンダースの一家が脅迫されていたと語っている。

サンダースの目の前には4歳の男児がいて「彼を犯さないと、あなたとあなたの家族を殺す」と言われたサンダースが泣きながら犯していたというのだ。

多くの有力政治家たちが同様の動画を撮られており、その脅迫ネットワークをディープ・ステートが管理してきた。ディープ・ステートのバックアップがなければ既存の権力構造に入ることは容易ではなかったというのも事実だ。そのため、有力政治家たちが屈してきたという面もあったのだ。

ディープ・ステートは児童虐待スキャンダルをネタに政治家たちを脅して言うことを聞かせる。スキャンダルという手綱につながれていない者が権力の表舞台に立とうとすれば、社会から抹殺する。そうやって世界を管理してきたのだ。

児童の人身売買をテーマとした映画『サウンド・オブ・フリーダム』（２０２３年公開）を製作総指揮した俳優のメル・ギブソンや、約30年前の未成年レイプ疑惑（不起訴）がすでに知られているシルベスタ・スタローンなどの、いわゆる〝汚染されていない〟ハリウッドスターたちからも、子供の拷問の実態などの証言が、ここにきて多く出てきている。第二のエプスタイン事件ともいわれるディディ事件（２０２４年に発覚した、大物ラッパーのパフ・ダディが関わったとされる性的人身売買事件）も明るみに出て、問題はこれらをトランプがどう判断するかという点にある。

エプスタイン文書などをもとにして、過去から現在まですべての児童虐待事件を精査した場合、数千人にも及ぶ政治家やセレブたちの名前が挙がるとされる。関係者を皆殺しにするのか、あるいは真実和解委員会（人権侵害などさまざまな過去の問題に関する真相を明らかにし、被害者の復権を目指す政府と民間によって構成される会議）で処分をするのか。そこがまだ決まっていない。

またトランプ自身も13歳の少女に暴行を加えた動画を撮られているとされる。2016年の大統領選は、その弱みがあったため、「ヒラリー・クリントンに負ける役」として出馬させられた。ところが、米軍内で力を持つグノーシス派イルミナティが「スキャンダルも身の安全も守る」とバックアップしたことにより、2016年の大統領選でトランプは当選したという経緯があった。グノーシス派イルミナティは、悪魔崇拝者のカルト（ディープ・ステート）による世襲制の世界支配に反対の立場で、旧来の支配体制を壊すために選んだのがトランプだった。

トランプがエプスタイン事件を完全公開するとなれば、当然自身のスキャンダル映像も公開されることになるだろう。そこまでの決断がトランプにできるかどうか、現時点では判断がつかない。

「倒産」を認めるしか選択肢がないアメリカ

以前からたびたび指摘してきたように、アメリカはすでに倒産状態にある。

現状で米政府の抱える債務は、どこまでを国の借金とするかによっても違ってくるが、一般的には35兆ドルとも50兆ドルともいわれる。

借金大国といわれる日本の債務が約1200兆円。1ドル140円換算で約8・6兆ドルだから、アメリカの借金額は日本の4～6倍である。

対GDP比では日本の借金(国債)のほうが深刻だという声もある。しかし日本の国債の多くは国内で流通している。家族にたとえれば、息子が父親の資産から借金をしているようなものであって、ことによってはいつでも帳消しにできる。しかも、日本は海外債権の金額も大きい。だがアメリカの借金の多くは海外から借りているものであり、年間の利払いだけでも1兆ドルを超えている。

アメリカのこうした危機については、以前から民間の経済学者やセントルイス連邦準備銀行などがデータを用いて散々警鐘を鳴らしてきた。だが、今のアメリカは財政赤字のみならず莫大な対外債務も抱えており、年金やメディケア(高齢者および障害者向け公的医療保険)などの社会保障費も完全に不足している状況だ。

それらを合計するとおよそ250兆ドル、GDPの約10倍もの負債を抱えている計算になる。この現実を前にして「トランプが倒産を全世界に向けて公式に宣言するのか」という点が今後、アメリカの最大のテーマとなる。

トランプは大統領就任直前に、アメリカの債務上限の問題をめぐって「デフォルト（債務不履行）は見たくない」として、「議会が上限を引き上げることを望む」との認識を示した。裏を返せば「もっと借金をしないとデフォルトする」ということである。だがすでに債務残高が返済不能なレベルに達している状況にありながら、さらなる借金を求めるのは、個人にたとえれば破産宣告待ったなしの多重債務者が借金するようなもの。国家として「倒産状態にある」と言える。

もはやアメリカの借金は自国単独では返済不能。「石油を掘って掘って掘りまくる」とは言うが、それをやったところで到底足りない。だからトランプのビジネスマン的感覚としては、「いったん倒産させて、新たな枠組みで始めよう」となるのは自然ななりゆきだろう。いったん「もう返せません」と宣言し、そこから債務再編の交渉が始まる。それがアメリカでこれから起きることだ。

トランプが画策する「北米共和国」構想

アメリカの倒産宣言のあとにトランプが画策するのは、アメリカとカナダ、メキシコ、グリーンランドを統一し、新たに「北米共和国」を成立させる道だ。

トランプはカナダのジャスティン・トルドー首相との対話に触れて、「私は何度も〝トルドー知事〟と話をした。51番目の州になればカナダの税金はずっと安くなる。軍による保護も完璧だ」と語っている。カナダを「併合」することがすでに決まっているからこそ、つい「トルドー知事」と口が滑ってしまったのではないか。

自身のSNSであるトゥルース・ソーシャルにおいても「カナダがアメリカの51番目の州になるのは素晴らしいアイデアだ」と自画自賛の投稿をしている。

数量ベースで見た場合、世界最大の貿易関係はアメリカとカナダであり、現実にも両国はかなり密接な関係にある。アメリカの自動車産業は一部の部品をカナダで製造する状態にあり、もしもアメリカが国家破綻すれば、カナダにも甚大な被害が及ぶというのはカナダにとっての弱みだ。そのためトランプは「カナダはアメリカと一緒にならないと大変だよ」と脅しているわけである。

メキシコとカナダに対する「関税25％」という要求も、「不法移民や麻薬の流入を防ぐ」という大前提はあるものの、同時に両国併合へ向けてのディールの一環という側面は少なからずあるだろう。

グリーンランドに固執することについても表向きの理由として、「アメリカの安全保障のために必要」と説明するが、本当の目的はグリーンランドの埋蔵地下資源にあるとみていい。パナマ運河の返還を求めることについてもさまざまな理由をつけてはいるが、結局のところは「北米共和国樹立」に向けてのものである。

アジアの結社筋と英王室筋も「近いうちにアメリカそのものが消滅する可能性がきわめて高い」と話す。その場合、バイデンがアメリカ合衆国最後の大統領となり、トランプが北米共和国の最初の大統領になるという。

デフォルトを宣言すれば、新国家である北米共和国として、カナダやグリーンランドの豊富な地下資源も手に入れつつ、ゼロから再出発ができる。そうトランプは考えているはずだ。

〝関税信者〟トランプの経済政策

トランプはビットコインなどの暗号通貨を推進することも示唆しているが、その目的のひとつが「北米共和国の円滑な成立」だ。さすがに今のままのアメリカの借金漬け状態での合併はまずいと考えており、少しでも財政を立て直す方法はないかと暗中模索の状態なのだ。

関税にこだわるのも、インフレを起こすことで少しでも借金の負担を下げたいという意図がある。海外からの輸入品に高い関税をかけることで物価は上がるが、関税で取った分を市民の減税に回すことで消費を活性化させる。そうしてインフレが起きれば借金の負担も軽くなるという政策は、それなりに理にかなってはいる。

大統領当選後の2024年11月30日にはトゥルース・ソーシャルへの投稿で「BRICS諸国が共通通貨を創設した場合や、米ドルの代替国際通貨を支援した場合、各国からのアメリカへの輸入に対し100%の関税を課す」との意向を示した。

これもトランプ流の交渉術であり、最初にとんでもないことを言っておいて、そこから自分の有利な条件へ落とし込んでいくのだ。

新たな関税に法的根拠を与えるため、国家経済緊急事態の宣言も検討していると伝えられる。国家経済緊急事態を宣言し、大統領に輸入管理の権限を与える国際緊急経済権限法（IEEPA）を利用することで、新たな関税プログラムの導入が可能になるという。

親中路線に必要なディープ・ステートの一掃

トランプ政権下において米政府や欧米権力層の大掃除が進めば 最終的にはカナダ、イギリス、フランス、ドイツ、日本、韓国、EU政府などでもなし崩し的に大きな変革にさらされることになるだろう。

トランプはそのあとに、アメリカと中国による「新しい国際枠組み」について交渉を始める予定だという。トランプ政権1期目は中国に厳しい態度を見せていたが、これはまだトランプが世界情勢をわかっていなかったためだ。アメリカをよくしたいという気持ちだけが先走り、ケンカはしたいけれども誰とどうやってケンカをすれば正解なのかわかっていないような状態だった。

だが政権2期目を迎えるにあたっては、すでに中国の習近平国家主席との電話会談を非公式含めて何度も行っており、今後は事務方レベルでもさまざまな交渉が行われていくことになる。

習は「中米経済貿易関係の本質は互恵的かつウィンウィンであり、対立や衝突は両国の選択ではない」と述べている。このことからも両者の会談が順調であることがうかがえる。

アジアの結社筋からは「トランプ新政権が倒産宣言をするならば、中国はアメリカの借金を帳簿から消してもかまわない」との声が聞かれる。

単にアメリカが潰れてしまうことは、アメリカの債権を大量に持っている中国にとっても損失が大きい。それよりは「新国家」の設立を応援して、新たに良好な関係を構築するほうが中国の国益にとって有利になるとの判断だ。

ただし、その前提条件として習近平は、近年アメリカで行われてきた反中プロパガンダを終わりにして、アメリカ人が「中国を含むアジア」について正しい知識を身につける必要があるといい、トランプ陣営はすでにその条件を受け入れているという。

中国と新しい関係を築く前に、米国内の大掃除＝ディープ・ステート勢力の一掃を早々に終わらせなければならない。そのためトランプは近々、対ディープ・ステート勢力へのなんらかの軍事行動を米国内で起こすことも予測されている。

習近平が恐れる不動産バブル崩壊

高度な交渉はこれから始まるわけだが、問題は現在のアメリカが年間約1兆ドルの貿易赤字を抱えていることだ。一方の中国はそれと同程度の貿易黒字である。これは米中の直接の取引で生じた部分もあるが、多くは第三国を介して間接的に発生している。

たとえば中国側はアメリカの関税を避けるために、メキシコやベトナムに工場を建て、それらの国がアメリカに対して黒字になるというような形だ。いずれにしても、こうした貿易赤字の結果としてアメリカでは産業の空洞化が生じた。アメリカ人は汗水垂らして働くことをせず、金融の数字だけをいじってつくったお金を使い、形ばかりの生活を維持するという麻薬中毒患者のようになっている。

とはいえ中国も中国で、経済状態がひどい有り様であることに変わりはない。私は日本のバブル時代に記者として経済の現場を取材して回っていたが、近年の中国経済はバブル当時の日本経済と同じ運営がなされてきた。不動産本位制の金融システムで、中国人の資産の7割が土地などの不動産である。

日本の場合、バブル崩壊で、商業不動産の価格がピーク時から9割下がった。それでも5年ほどはごまかして隠していたが、最終的に大手銀行までもが潰れてしまった。

中国も同じで、一人のサラリーマンが毎月の給料すべてを44年間払い続けてやっとアパートの一室が買えるような状況となっている。生活費をいっさい使わずに44年ローンを返済するというのは実質的に不可能だ。そのため中国の不動産市場全体が機能不全に陥っており、資本家といっても空き家のアパートを所有しているだけの場合もある。そして、買い手がつかないままであれば、資産の価値は下がる一方となる。

中国政府発表の失業率は5％程度で推移するが、若年層では10％台後半にもなる。さらに統計上は失業とみなされなくとも、安定した仕事に就けない働き手も相当数に上っている。

近年の中国では配達員やライドシェアの運転手などを「フレキシブルワーカー」と呼び、その種の労働者が2億人を超えたともいわれる。「フレキシブルな働き方」といえば聞こえはいいが、その多くが非正規雇用であり、「実質的な失業者のことを言い換えただけだ」という声も聞かれる。

米中両国ともにいわゆる徳政令が必要な状況で、それも含めて今後、2国間で交渉が行われることになる。

それでも中国の製造業は世界でダントツの1位であり、アメリカや日本、イギリス、ドイツなど、トップ10の2位から9位の国の合計よりも多くの物品を製造している。全世界が中国製品に依存しているような状況であり、この状態が続けば、いずれは全人類が中国の言いなりになるしかない可能性もあるだろう。

とはいえ中国も少子高齢化や労働人口の縮小、不動産バブルの崩壊、所得格差など国内に大きな問題をいくつも抱えている。１９９０年以降の「中国の出生率と平均寿命」のデータをリアルに分析すると、現在の中国の人口は政府が発表している14億３０００万人よりも、５億人少ない８億９０００万人まで減少しているという試算もある。

中国人の個人資産の７割以上を占めるとされる不動産の価格暴落は、従来の政策だけでは到底解決できない状況にある。不動産の市場が壊れることは、中国の金融経済システムそのものが壊れるのも同然。中国もアメリカと同様に倒産待ったなしの状態であり、大胆な改革をして金融経済システムを再起動するしか国を立て直す術はない。

いくら習近平が「ウィンウィンの中米関係」と言っても、そこに至るまでには多くの困難が立ちはだかる。そのため、両国の交渉は少なくとも２０２５年いっぱいは続くことになるだろう。

バイデン政権と中国共産党の悪事

バイデン家に対する中国からの賄賂が最初に発覚したのは最近のことだ。中国がバイデンに賄賂を渡し始めたのは、バイデンがバラク・オバマ政権の副大統領時代ということだったが、このような中国政府と米政府の不適切な関係はバイデンの大統領就任後も続いていたと中国秘密結社筋は伝える。

中国共産党がバイデン家に賄賂を渡していた狙いは、米国境警備の弱体化だった。中国人を含む非アメリカ人を大量に不法入国させ、この不法移民を利用してアメリカを乗っ取ろうというのが中国共産党強硬派の狙いで、それをバイデンに見過ごさせようとしたわけだ。

現役の米大統領が中国から賄賂をもらい、中国の言いなりになっていたとなれば、これは国家反逆罪にも相当する犯罪行為。表面上は厳しい対中姿勢を見せていたバイデン政権だが、その裏では手を握り合っていたのだ。反中プロパガンダも、アメリカの国民感情を反中に向かわせることで移民全体への憎悪を募らせ、「内戦」の気運を高めようという狙いがあってのことだった。

さらにバイデン政権は、アメリカのハイテク技術を中国に大量に売り渡していた疑いがあると米軍筋は伝えている。

また同筋によると、バイデン政権が演出した「新型コロナのパンデミック騒動」と「コロナワクチンによる大量殺人」が、実は中国共産党と連携して行われていたことに関して証拠が出ているという。

米宇宙軍の関係筋は、「中国との戦争にならないよう平和的な解決を目指すが、電磁波兵器の照準を中国に合わせて脅してでも、罪を償わせるつもりだ」と話している。

しかし現実には、映画業界などはすでに中華マネーなしでは成り立たなくなっており、バイデン政権下では反中ムードが高まりながらも、中華マネーには頼りたいといういびつな状況が生じていた。

米中両国の危機的な経済状況と、バイデン家が中国から賄賂をもらっていたという事実。そして、中国共産党強硬派がパンデミック騒動に関わり、アメリカで内戦を起こす計画まで立てていたという事実。これらもろもろの事情を踏まえれば、とにかく中国との関係は、いったんリセットしなければ交渉は進まないというのが、第二次トランプ政権下における新たな米中関係なのである。

一つ言えるのは、この先いきなり中国による台湾侵攻が始まるような危機的状況には現状ないということだ。台湾侵攻を契機とした米中戦争や、そこから発展して第三次世界大戦が起こる可能性は限りなくゼロに近いと考える。

動画投稿アプリ「TikTok」のアメリカでの使用禁止措置をトランプが延期し、むしろTikTok擁護に回ったのも、現在の米中の状況を反映してのことだった。

この時、トランプはアプリ存続の条件としてアメリカがTikTok米事業会社の半分を所有することを示唆。買い手となるのはビジネスソフト大手であるオラクル社のラリー・エリソンであった。エリソンは以前から、TikTokに対して安全保障の確認を取る仕組みをつくっていた。TikTokを使った中国のスパイ行為を防ぐための仕組みづくりをエリソンが担当していたのだ。

習近平が所属する秘密結社の異変

米中ともに大きな問題を抱えており、現状、対立している場合ではない。だからウィンウィンになる方法を考えようというのが両国の共通認識となりつつある。

大統領就任式においても、習近平は招待したが、ＥＵ議長や欧州各国の首脳は招待していなかった。そのことからも、現在のトランプがどの国を重視しているかがうかがえる。これに応じて中国側も、過去の米大統領就任式には駐米大使を参加させていたが、今回は大使よりも序列が上の韓正国家副主席を派遣している。

ただし、中国の習主席も決して安泰というわけではない。私は習近平が属している組織の人間と付き合いがある。その組織は習近平をはじめ数千万単位のメンバーが属するとされる巨大な秘密結社で、アジアにはこれに対抗する別の結社も複数存在している。

そのアジアの結社の人間とは、これまで日本では普通に喫茶店などで会っていたのだが、先日、突然「外で会いたくない」と言い出したため私の家で会うことになった。しかもその時に私が振る舞った飲み物はいっさい口にせず、持参してきたもののしか飲まなかった。

私の家の外にはおよそ10人のＳＰと思われる人間が乗った車が停められていた。これまではまったく無防備だった彼がなぜそのように変貌したのか？　原因を探ってみると、どうやら今の中国裏社会では、同じ結社のなかでも習近平が入っている派閥と、そうでない派閥の2派が何かしらの暗闘を繰り広げているようだ。暗闘についての詳しい内容はトップシークレットのようで、現時点では不明だ。

日本においても「本物は我々だ」「いや違う。我々こそが本物だ」というように、同じ結社のなかで二つの派閥が戦っており、実際に抗争が起きている。ニュースにはならないものの、スケールの大きい同門同士の争いも起きているようだが、日本の警察はこれにタッチできないでいるという。巨大結社のなかで、そのような内紛めいた動きが起きているため、習近平も決して安泰とは言い切れないのだ。

トランプは早い段階で習近平ともプーチンとも会いたいと言っている。ロシアとも仲良くして、中国とも仲直りをするということは、逆にこれまでロシアと中国を敵視していた勢力と戦おうという意志の表れとみていい。そしてトランプは「ビジネスマン」としての感覚で、G7よりもBRICSと仲良くしたほうが得だと判断したとみられる。

これまで世界を支配してきたディープ・ステートを排斥しようというトランプの姿勢については、習近平も賛意を示していると結社筋は伝える。だが問題は中国の覇権を第一に考える中国共産党内の強硬派で、その一派は「これからの世界は中国が中心になる」と主張している。穏健派は「多極化世界であるべきだ」と考えており、両派で大きな対立があるという。

新華社通信における習の発言を総合してみると、習自身は穏健派のように見えるが、強硬派としての一面もあり、強硬派と穏健派のどちらに属するか明確にはわからないのだ。

映画『シビル・ウォー アメリカ最後の日』

2024年にアメリカでヒットした映画『シビル・ウォー アメリカ最後の日』(以下、『シビル・ウォー』)では、テキサスとカリフォルニアの連合軍vsワシントンという話になっていた。だが実際にアメリカでシビルウォー(内戦)があるとすれば、「レッドステート」と呼ばれる北アメリカ大陸の中部vs西海岸&東海岸の連合軍という構図になるだろう。現実問題として、金融の中心地であるニューヨークとシリコンバレーのあるカリフォルニアは、ディープ・ステートが不法移民などを駆使することで、政治と経済の両面から乗っ取ってしまった状態である。この2州と従来のキリスト教徒が多い愛国主義的な中部の州との間では、リアルに対立が起きている。

私が『シビル・ウォー』を観てとてもユニークだと感じた部分は、この映画がアメリカ人に対して、「これまでアメリカが介入して内戦を巻き起こした国はこんな状況だったんだ」ということを示した点だ。『シビル・ウォー』の監督はイギリス人だから、アメリカに対する皮肉を込めたのかと思ったのだが、この監督のインタビュー記事を読むかぎり、そのような意図はなく、近年のアメリカの状況から、アメリカで内戦が起こる近未来の可能性を描いただけのようだ。

過去、アメリカが介入して内戦を誘発した国には、シリアやユーゴスラビア、ボスニア、ウクライナなどがある。これらの国の一般市民は、訳のわからないまま国内が戦争状態になり、いつの間にか社会のすべてがメチャクチャになっていったという感覚だったはずだ。

映画の中で「あなたはどちら側？」と問いかける場面があった。しかし、内戦の当事者にとっては「どちら側」ということではなく、とにかく「あいつが自分を殺そうとしているから、自分を守って戦うだけだ」というのが内戦の実態なのだ。

ただただ国がメチャクチャになり、治安が悪化して、身近な人たちが次々と殺される。なぜこんなことになっているのか、一般市民はよくわからないままに、ただ目の前に自分を殺そうとしている敵がいる。末端の人々からすればカオスでしかないのだ。敵対する民族同士の戦いならばわかりやすいが、内戦は「どちらが悪でどちらが善」と簡単に割り切れるものではない。

映画の中で殺される大統領のモデルはトランプだとされるが、実際のところ、あの大統領に最も近い状況にあるのはゼレンスキーだろう。彼はもはや「ロシアがほぼ負けた」などと現実とかけ離れた妄想をしゃべっているだけの存在になり果てた。おそらくコカインをやっているのではないか。コカインをやると、なんでもかんでもうまくいっているように感じてしまうのだ。

現実のウクライナやゼレンスキーを取り巻く状況はすべてがボロボロの状態だ。私には映画『シビル・ウォー』はウクライナで起きていることを、アメリカを舞台にして描いたように見えた。誇大妄想を持った大統領を市民が打ち倒すという構図は、ウクライナの近い将来を予言しているようである。

一般的なアメリカ人の観客たちは、おそらくこのようなことまでは考えていないだろう。だが、米国民の半分弱ほどが「近い将来に内戦が起きると思っている」という世論調査の結果も出ているというから、意外と身近なテーマとして鑑賞していたのかもしれない。バイデン政権末期の米国民の間では「もう勘弁してくれ」と反米、反政府の感情が大きくなっていたことは間違いない。こういった要因が重なり、

2024年に公開された『シビル・ウォー』はアメリカでヒットしたと推測する。結局、ウクライナ戦争が始まってから何が起きたかというと、世界中でロシアの安い天然ガスを買えなくなり、価値が倍ほどのアメリカの天然ガスを買わされている。その影響で欧州を中心に産業が次々に傾き、潰れて、当事国の市民の生活水準はガタ落ちした。

世界中の多くの人たちがウクライナ戦争の影響による経済の停滞と過剰なインフレに苦しんでいる。そして、生活が苦しくなることによって市民の心のゆとりはなくなり、いきすぎたＤＥＩ政策に対する反発の声も日増しに大きくなった。これは日本も例外ではないと読者のみなさんも理解できるだろう。

もちろん米国民も同様で、先の見えないインフレによる生活苦に不安を感じ続けている。加えて、不法移民による治安悪化も顕著になり、相当数の米国民の怒りは爆発寸前の状態だ。そのため、一般国民のなかにも「一度ガラガラポンしてアメリカ社会を一から立て直したい」という考えを持つ人が増えている。

とにかく現状を変えたい――。それは、これまでのディープ・ステートによる支配をなくしたいということでもある。だからトランプは大統領選に勝利したのだ。

この現象はアメリカにかぎった話ではなく、世界を見渡しても、近年の国政選挙では既存の権力側にあった与党が大敗北を喫するケースが増えている。「現体制は嫌だ」という、いわば「トランプ現象」が世界的な潮流になっているのだ。

アメリカ内戦を目論む3つの勢力

先に述べたとおり、アメリカで内戦を起こして国家を崩壊させたいと考える勢力がディープ・ステートや中国共産党強硬派だ。そして現在でも戒厳令が出される可能性がSNSの政治系ポストにはよく流れている。実際にその裏では、「トランプ政権になったことで自分たちが吊るされるかもしれない」と考える先の2つの勢力が、一か八かで内戦を起こそう画策しているという。内戦に向けた世論づくりとして「政府を倒す」「大統領を倒す」といった『シビル・ウォー』のようなエンターテイメントを流行らせることは、アメリカでは以前から行われてきたことでもある。

なおピッツバーグ市在住の私の友人は、近年の治安悪化のために「一時期は、これまで銃を所持したことのなかった人たちがみんな銃を購入して、外出時にも常に用心をしている」と話している。

では現実にシビル・ウォーが起きた場合はどうなるか？　２０１５年にソロス財団がある企画を発表した。その内容は独自の債券を発行して、これにより用意した資金をバラ撒いて、年間１００万人の移民を欧州とアメリカに入れようというものだった。そして近年、先にも言ったが不法に入国した人間たちはデビットカードを渡され、自由にお金がつかえる状態になっている。

そんな不法移民のなかには、ベネズエラの刑務所や精神病院にいた人間たちがアメリカに送り込まれた例もあった。これについてはトランプ自身が、Ｘでイーロン・マスクと会談している動画で触れている。

中国の若くて健康な、いかにも軍人向きの男性たちも数多くアメリカに入国し、彼らには武器が配られる手配がなされた。シビル・ウォーが現実になれば、不法入国した外国人と、彼らを斡旋したディープ・ステート系企業の人間たちが、一般のアメリカ市民にその銃を向けることになるだろう。言うことを聞かないアメリカ人は撃ち殺すか、強制収容所にぶち込む。ディープ・ステートの中枢組織であるソロス財団は、自分たちが支配する独裁政権を立ち上げる計画を実際に準備していたし、トランプ政権となった現在でも、その計画は完全になくなったわけではない。

このソロス財団の内戦計画に対抗するため、とくにアメリカの中西部地区では現在も州兵が動員され、常に臨戦態勢にあるという。また、アメリカの正規軍、とりわけ宇宙軍は、不法移民の暴動に備えて戦いの準備に余念がないと伝えられる。これから起こり得るシビル・ウォーは、アメリカ生まれのアメリカ人vsディープ・ステートに雇われた傭兵や不法移民との戦いということになるはずだ。

先の大統領選でも、「トランプとハリスのどちらが勝ったとしても、大規模な暴動が起こる可能性が高い」として、ホワイトハウス周辺のビルや店舗は軒並み板で覆われていた。

ディープ・ステート、中国共産党の強硬派勢力だけでなく、私が米軍良心派と呼んでいるトランプをバックアップする勢力が内戦を起こすことも考えられる。

トランプ政権は、軍がバックアップしているという成り立ちからして一種の軍事政権といえる。歴史上、軍事政権をスムーズに成立させる際には、「偽旗作戦」が頻繁に行われてきた。自作自演のテロ攻撃を演出して、市民たち自らが「危ないから軍で守ってください」と言い出すような状況をつくるのだ。

有名な偽旗作戦に「グラディオ作戦」がある。１９８０年代、イタリアなどの欧州諸国で共産主義が台頭し、総選挙でも左派政党が勝利しそうな勢いだった。そこで極右勢力は、左翼の仕業を装って各所で爆破テロを行い、数百人もの市民を殺害した。これにより共産主義のイメージはダウンし、左派政党は総選挙で敗北した。

トランプ軍事政権を正当化し、より強固なものとするために、今後同様の事件がアメリカで起こることは十分に考えられよう。

トランプへの隷属を選んだ「GAFAM」

２０２４年の暮れ、トランプは驚くべきメッセージをトゥルース・ソーシャルに投稿した。

「ビル・ゲイツが今夜、会いに来る」

先の大統領選では民主党のカマラ・ハリス候補を熱烈に応援し、多額の献金までしていたゲイツが、いまさらどの面をさげて会いに来るのか……というのは日本的な感覚だ。勝ち馬に乗ろうとするのは、アメリカのビジネス界において当たり前の振る舞いである。トランプ邸を訪れたゲイツはディナーをともにすると、およそ3時間の会談を行った。

しかもトランプにすり寄ったのはゲイツだけではなかった。アップル社のティム・クック、メタ社のマーク・ザッカーバーグといったテック界の大物たちが、次々とトランプに連絡を取り、面会を希望したのだ。

そこにはトランプ新政権の政策決定に影響力を持とうとする思惑が見え隠れする。トランプを応援したイーロン・マスクが新政権で重要ポストに就任することになり、政策決定に強い影響力を持ったことも、GAFAMトップの面々を戦慄させた。トランプと反目に回ったままでは新時代を生き残れないというのが起業家たちの共通認識で、それはディープ・ステートの重鎮であるゲイツも同じだった。いまさら「トランプのアカウントを停止する」ような敵対行為は、今後のビジネスの足かせとなるだけだ。

大統領就任式にはザッカーバーグやアマゾン創業者のジェフ・ベゾスらが出席し

た。ザッカーバーグは大統領選の前後で「別人に代わった」と根強く噂されており、実際のところ、今と昔では顔が違っている。

これは米軍良心派が、インスタグラム、フェイスブック、ワッツアップなどの巨大利権を乗っ取って、イメージキャラクターとして「新しいザッカーバーグ」を登場させたものであろう。これまではバイデン側の指示に従い、ワクチン関連ではSNS上で過剰なまでの検閲を行ってきたザッカーバーグだが、それを急に「止める」と言い出したあたりから、顔だけでなく言動までも以前とはまったく異なっている。新しいザッカーバーグは「我々は新型コロナの真実が書けないように圧力をかけられていた」と暴露までしている。

これはゲイツも同様で、グーグルも検閲をやめつつある。自分たちの「権限」を維持するためにトランプへ媚びを売っているのだ。

GAFAMのなかでもアマゾンのベソスとアップルのクックはいくらか立場が異なる。

アマゾン全社でみれば、クラウド事業が稼ぎ頭になっているが、ネットショッピングと配送という事業で実体経済に関わってきた。アップルも基本的には製造販売を生業にしている。

つまるところ、欧米経済は大きく二つのグループに分けられる。一つは物づくりや物流を担なってきた企業。現在、世界中の膨大な数の人間がアップル社のｉＰｈｏｎｅを持っている。また、膨大な数の人間がアマゾンの配送サービスを利用している。近年急速に業績を伸ばしてきた半導体メーカーのＮＶＩＤＩＡも、アップルやアマゾンといった物づくり系のグループに含まれる。そのような実体経済に携わっている大富豪たちは、トランプ革命後も、そのまま継続して成長を続けるだろう。

問題はもうひとつのグループ、無からお金をつくってきた非製造系の企業だ。その代表格なのが、長年世界の一般市民に寄生して偽りの利益を生み出してきた金融機関だ。これら非製造系のグループは、トランプ革命が進むなかで壊滅させられるか、淘汰されていくことになるはずだ。

瀬戸際に立たされるビル・ゲイツ

私が最も興味があるのは、ディープ・ステートの重鎮、ゲイツの立場が今後どうなるかだ。トランプはＷＨＯからの離脱を宣言したが、ＷＨＯは資金の88％をゲイツが出している。パンデミック条約についてスイスで長らく議論がなされていたが、そこでは「疫病などにまつわる有事が起きた場合には、世界中すべての政府がＷＨＯに権限を委ねる」ということが検討されていた。ＷＨＯは政府機関ではないにもかかわらずだ。

つまりゲイツは、資金を提供するＷＨＯを利用して、世界を支配する独裁者になろうとしていたのだ。そんな人間とトランプは友好関係を結ぶのか。それとも社会的制裁を加えるのか。

ゲイツは自身でトランプと3時間会談したというビデオを公開したが、そこでゲイツは「ＨＩＶを治療するワクチン」の話をしていた。

私が交流しているMI6のトップの一人は、かつてジョナス・ソークという小児麻痺のワクチンを開発した研究者と一緒にアフリカで働いていた。彼は「アフリカではミドリザル20万匹を殺し、その血液を生物兵器研究所に送り込んだ。そこでHIVが開発されて、それを混入させた小児麻痺ワクチンをアフリカ全土とハイチで配った」と語っていた。そのため、最初のHIVはアフリカとハイチで発生したというのだ。

HIVの開発は、ディープ・ステートがアフリカ民族を撲滅する計画の一環だったという。南北のアメリカ大陸は、17世紀にヨーロッパ人が初めて移住してから20年以内に9割の先住民が死んだ。欧州で流行っていた疫病に対して免疫がなかったために死んだのだ。そうして南北アメリカ大陸は白人の楽園になった。それと同じことを人工的にアフリカでもやろうとしたのだ。ところが、この計画は失敗に終わった。HIVウイルスは発症するまでの潜伏期間が長すぎて、その間にどんどん新たな子供たちが生まれてきたためだ。

そのような発生経緯を持つHIVについてゲイツが触れているということは、何か新たなウイルスを切り札にして、トランプを脅迫しようとしていたのではない

90

かと私は推測する。

だが、ワクチン利権や医療利権についてはケネディ・ジュニアが政府に入ったことで今後はメスが入ることになる。その時、ゲイツは死刑になる可能性もあると見ている。

かつてゴールドマン・サックスのアナリストが医療に関するレポートを発表した。そこには「病気を治すというのはビジネスモデルとしては悪手である」と書かれていた。このアナリスが事例として挙げたのは、ギリアド・サイエンシズというアメリカの製薬会社が開発したC型肝炎の治療薬だった。この新たな薬によって、ギリアド・サイエンシズの最初の売り上げは年間１２０億ドルにもなった。それが年々下がり続けて、近年の年間売り上げは40億ドルまで減っている。なぜかといえば、新薬のおかげでC型肝炎が完治して、大多数の患者がいなくなったからだ。だから「病気を本当に治療する医療」はビジネスとして悪手だというのだ。

その反省から、欧米の複数の大手製薬会社は「がんを起こすワクチン（コロナワクチン）」を世界中にバラ撒いた。そうすれば今度はがん治療ビジネスが生まれる。このような「人を病気にして、その病気を治療することで儲ける」という考えが浸透したことで、欧米の医療はおかしくなった。

実際問題としてアメリカの医療費は自国経済に多大な負担をかけている。GDPの割合で見れば、アメリカ人が世界で最も多額の医療費を使っているのだが、平均寿命は年々短くなっている。

自閉症患者もかつては1万5000人に一人だったが、今では35人に一人になった。その原因が複数のワクチンである可能性は高い。そのような犯罪レベルの医療業界のトップにいるのがゲイツであり、その血筋をたどればロックフェラー、さらにハザールマフィアへとつながる。また、ファイザーなどの巨大製薬会社も、創業者たちをたどっていけばロックフェラー人脈に行き着く。

「フェンタニルの製造元は中国」の嘘

近年、米社会で爆発的に広がり大きな社会問題になっているのが、合成麻薬「フェンタニル」だ。表向きには鎮痛剤とされているが、麻薬効果はヘロインの50倍にもなるという。

死亡率はきわめて高い。初めて使用した人が半錠の服用で死んだという事例もあり、致死量はわずか2ミリグラムとされる。人体に甚大な害を与えることは明白だが、それをわかっていても多くのアメリカ人がフェンタニルを使用するのは、まず値段が安いことがある。大麻などのゲートドラッグよりも安い値段で、効果も高い。しかし、そのぶん依存性も高い。

〝病理〟が行き着くとこまで進んだ現在の米社会では、誰もが簡単に幸福感を得る手段を探している。そのため、気軽に、安価に手に入るフェンタニルの依存者が激増しているのだ。フェンタニルによる健康被害は深刻で、トランプ新政権発足後は減少傾向にあるとはいえ、アメリカの18歳から45歳までの死因第1位（＝不慮の事故）はフェンタニルである。

このフェンタニルについては、「中国が製造元で、それがカナダとメキシコから国境を越えてアメリカに入ってくる」と言われているが、これは反中プロパガンダの一環にすぎず、まったくの間違いだ。

フェンタニルは欧米のディープ・ステート系製薬会社がウクライナで製造したも

のである。それを中国のせいだと濡れ衣を着せているのだ。

フェンタニル製造の大元は、アメリカの製薬会社P社とされる。この会社を創設したのは、ユダヤ系移民でニューヨークを拠点にするサックラー一族であり、欧州の製薬会社と組んで製造しているようだ。

P社は、絶大な麻薬効果により、これまで40万人以上の死亡者を出したとされる処方薬、オピオイドの販売元でもある。

現状では収まる気配の見えないフェンタニルの薬害だが、おそらく製造現場であるウクライナの戦争が終わり、当地の治安が戻れば、それと同時に収束していくのではないかとみている。

こうした事情はトランプも把握しているはずだが、それでもメキシコや南米の麻薬カルテルをテロ組織として示すのは、南米からのコカイン流入の問題に加えて、北米共和国構想があってのことだろう。米軍をメキシコに派遣し、組織を壊滅することでメキシコ国民からの信頼を得ようという思惑があってのことではないか。

さらに言うと、「麻薬カルテル潰し」には「CIA潰し」の意味合いもある。南米の麻薬組織の黒幕はCIAであり、CIAとは「コカイン・インポート・エージェンシー」の略称だと揶揄する声もある。

ＣＩＡの前身は、第二次世界大戦で米軍の参謀を務めたＯＳＳ（戦略情報局）であり、大戦後にＯＳＳとドイツのゲシュタポが合体してＣＩＡとなった。そのため同じＣＩＡといってもＯＳＳ派閥とゲシュタポ派閥は水面下でずっと争いを続けてきた経緯がある。

南米でコカインなど麻薬の密輸に関わって多額の裏金を稼いできたのはゲシュタポ派で、表向きには「麻薬カルテルにメスを入れる部門」とされている。麻薬部門であると同時にテロ対策部門であり、このゲシュタポ系ＣＩＡがアルカイダやイスラム系過激派組織ＩＳＩＳを生み出し、各国でのテロ活動を行わせていたとされる。

トランプが潰そうとしているのは、そのゲシュタポ系ＣＩＡだ。ゲシュタポ系ＣＩＡはブッシュ家の影響下にあったが、近年ブッシュ家の権力は下落の一途にある。「ＣＩＡの悪徳部門を潰すチャンスだ」との思いがトランプにはあるはずだ。

フェンタニルがアメリカを殺す

私の友人にヘロイン中毒者がいる。彼は「毎日医者へ行って、適切に使用しているだけなら、ヘロイン中毒でも90歳まで生きられる」と言う。

問題は、ヘロイン中毒になると脳内で生成されるアドレナリンなどの天然の痛み止めがつくられなくなるため、ひとたび禁断症状が起きると体全体のすべての部位に痛みを感じることだという。それと同時に体中が痒くて仕方なくなり、吐き気にも襲われる。それらの症状が全部同時に襲ってくるため、それから逃れるために麻薬を手に入れることしか考えられなくなる。そうして麻薬を入手するためには泥棒でも売春でも、なんでもするようになるのだ。

違法薬物については、純度が管理されないことも問題だ。常に「5割がヘロインで残りの5割は砂糖が混ぜられていたもの」を使用していた中毒者が、ある時、純度100%の薬物を使用してしまえば、たちまちオーバードーズで死んでしまう。

フェンタニルはこれまでの違法薬物とは桁違いに中毒性も致死性も高い。結局、欧米の裏の権力者たちは一般人を同じ人類だとは認めておらず、できれば殺したいという願望がある。「必要ない人類が多すぎるから、麻薬漬けにして殺してしまえ！」とディープ・ステートは本心から思っている。

そんなディープ・ステートの本拠地である欧州では、フェンタニルはまったく流行していない。ターゲットはあくまでも「アメリカ」なのだ。

意外に思われるかもしれないが、メキシコの麻薬カルテルはフェンタニルを敵視しており、「我々はオーガニックな麻薬をつくっているから害は少ない。フェンタニルの薬害はひどすぎる」と話す。

実は自然の麻薬では人を殺せないという説もある。お酒にしても自然発酵でつくられたビールやワインは、いくら飲んでもそれで死ぬということはほぼない。だが人間が手を加え、アルコール濃度を40％、50％と上げていくと、死亡のリスクは高まっていく。

これは麻薬も同じである。コカインの原料であるコカの葉っぱをいくらかじっても死ぬことはない。だがこれを精製して凝縮することによって危険度が高まる。

またケシからつくった有機栽培のアヘンは、一般にイメージされている純白色ではなく、黒糖みたいな色をしており、これも危険度は低いとされる。

アメリカがメキシコなどと合体して北米共和国が成立した暁には、大麻やコカ、アヘンなどの自然由来の麻薬は完全合法化されるのではないかとみている。危険な合成麻薬の代わりに自然麻薬を使用することは、ケネディ・ジュニアの提唱する「MAHA（アメリカを再び健康に）」にも通じるのではなかろうか。

第2章 イーロン・マスクの野望

総資産37兆円の男

トランプ勝利の立役者の一人とされるイーロン・マスク。大統領選ではトランプ陣営に180億円の献金をし、さらに自らが行う署名活動では、トランプへの投票を約束した人を対象に、投票日まで毎日1名、抽選で100万ドルをプレゼントした。その資金源となる自己資産は経済誌『フォーブス』によると約37兆円とされ、これは大国の国家予算にも匹敵する。なおトランプが当選したことでテスラ他、自身の持ち株が上昇した結果、献金額をはるかに上回る約7兆円の儲けが出たという。

マスクは1971年、南アフリカ生まれ。カナダ、アメリカと移住したのちに、24歳でスタンフォード大学の大学院を中退してウェブソフト会社を起業した。

この会社を約30億円で売却すると、その売却益を元手にインターネット決済のペイパルを始め、これが大当たりする。だがペイパルも手放すと、2002年に宇宙輸送を可能にするロケットの製造開発を目指してスペースXを起業。「2050年までに100万人を火星に移住させたい」「宇宙へのコストを100分の1にする」などとぶち上げた。

2004年には、テスラに出資して電気自動車の開発に着手。以降も衛星通信サービスのスターリンクや、人間の脳とAIの連携を目指すニューラリンクなどさまざまな先進的事業を立ち上げてきた。

2022年には旧ツイッターを約6兆4000億円で買収し、翌年にはサービスの名称をツイッターからXに変更した。「X」の名称は「シンプルで覚えやすい」「入力が簡単」などの理由から、ペイパルの前身である「Xドットコム」の時から使い続けているマスクのお気に入りだ。息子の名前も「X」である。

旧ツイッターの買収は、トランプのアカウント凍結を見て、「意見は自由であることが大事だ」との思いで行ったものだといわれる。

このあたりが〝表向き〟のマスクの経歴となる。

ディープ・ステートの血脈

トランプの大統領就任式では、マスクが「ナチス・ドイツ式の敬礼ポーズを行った」として批判を受けた。マスクはこれを否定するが、あれはおそらく意識的にやったものだろう。なぜならば、マスクはかねてからドイツ派閥といわれているからだ。マスクは実父とされるエロール・マスクとの不仲を公言しており、長らく絶縁状態にあるというが、それも納得の噂がある。マスクの本当の父親は、ナチスでV2ミサイルの開発を指揮したのちにアメリカへ亡命したヴェルナー・フォン・ブラウン博士だといわれているのだ。

そのブラウン博士が1953年に書いたSF小説『火星計画』は火星への飛行を描いたものだが、その中には火星政府の役職として「イーロン」の名称が使われている。ブラウン博士の火星への探求心とイーロンの名称は、偶然の一致にとどまらぬ「縁」を感じさせる。

そしてマスクは、これまで世界を支配してきたハザールマフィア（ディープ・ステート）のドイツ派閥＝ナチス派ユダヤ人における、新たな指導者になろうとしている。

ナチス派ユダヤ人は、イギリスのヴィクトリア女王（在位1837年6月20日～1901年1月22日）の時代に、イギリス血統とドイツ派閥に分派した。ヴィクトリア女王は夫とは別のドイツ人男性との間に子供を1人産んでいる。その子供の血筋に連なるのがアドルフ・ヒトラーやバラク・オバマ、ヒラリー・クリントンなどであり、その勢力が世界の大手企業の多くを支配下に置いてきた。MSNBCのようなマスコミも同様にドイツ派閥の勢力下にある。

マスクがディープ・ステートのメンバーであることを裏づけるような証言もネット上では出回っている。

ある女性が「子供の頃に性の奴隷だった」という告白をしたのだが、彼女によると、マスクとロスチャイルド・ロンドン家のナサニエル・ロスチャイルド、カナダ首相のジャスティン・トルドーの弟でトルドーに殺されたマイケル・トルドー、カダフィー大佐の息子らしきイスラム男性が、未成年女子を凌辱する儀式に参加するのを目撃したのだという。儀式では女子が吊るされ、それを取り囲んだ男たちが、電動ペニスバンドを装着した血に染まったキリスト像を使って女子を犯し続けた。そしてそのあと、彼らはアドレナクロームを服用すると、暴れ出してその女子を千切り殺したという。あまりにも陰惨で、私としてもこれが事実とは信じたくない気持ちは強い。

この告白についてコメントを求める呼びかけに対し、マスクは否定も肯定もせずノーコメントだったという。バカバカしいと無視しただけかもしれないし、本当に答えられなかったのかもしれない。

とまれ、マスクがドイツ派閥の代表になるということは、すなわちディープ・ステートの新たなトップに立つことなのかというと、そうとも言い切れないのが複雑なところだ。ディープ・ステートは血筋を重んじるため、その首領となるのは、ロックフェラーやロスチャイルドといったこれまでディープ・ステートの「主流」を占めてきた一族である。だがマスクはドイツ派閥という傍流の血筋であり、現在のディープ・ステートの支配体制がそのまま続けば、マスクはその〝傘下〟に入るしかない。だが野心家であるマスクはそれをよしとせず、まず現体制をぶち壊す道を選んだ。

つまり「ディープ・ステートを打倒する」という点において、マスクとトランプは同じ志を持っている。

ただし、今回の大統領選において、マスクは最初からトランプ支持を表明していたわけではない。バイデンやハリスが勝ったとしても、ディープ・ステートの血筋であるマスクは大きな痛手を被ることはないからだ。

だがマスクはどこかのタイミングで、バイデンやハリスではトランプに勝てないと見限った。そしてトランプ陣営に加わり、懸命に取り入ろうとした。トランプにしてもマスクの資金力と知名度、活動力は大統領選において役に立つ。お互いメリットがあったから協力するという、あくまでもビジネスライクな関係である。同じ目的を共有するという理由から、マスクはトランプ陣営の顔役になったにすぎない。

マスクを支援する「黒幕」の正体

マスクはよく「世界一の金持ち」と言われるが、これはまやかしの数字でしかない。テスラ・モーターズの株式時価総額はスズキ自動車の62倍にもなる。しかし、2024年のテスラの年間販売台数は前年の180万台余を1・1％下回る178万台余だった。年間販売台数が前年を下回るのは創業後初のことである。一方スズキ自動車の同年の販売台数は300万台を大きく超える。スズキのほうが一台あたりの販売価格は格段に安いことは確かだが、テスラの株式時価総額が60倍以上になるのはあまりにもおかしな話だ。

なぜそのようなことになるのか。それはマスクが「ドルの印刷機」を味方につけていることが理由である。私の調べたところ、マスクをバックアップするのは、ローマ教皇庁の資金管理部門とその運営を行うバチカン銀行だった。そのバチカン銀行がテスラ株の買い支えをしているため、テスラは高い株価を維持している。言い換えれば、テスラの将来性が見込まれて株を買われているわけではなく、いわばバチカン銀行がテスラの株を経由してマネーロンダリングをしているから、高値になっているだけだ。

そしてバチカン銀行と関係の深いP2フリーメイソンも、マスクをアメリカの顔役にしたい思惑がある。前述したように、P2フリーメイソンとは1960年代後半から勢力を伸ばしてきたイタリアに本拠を置く秘密結社である。

さらに、長らく対立関係にあったこのP2フリーメイソンとP3フリーメイソンが部分的に和解し、2024年末にアメリカのフロリダ州で緊急会議を開いている。P3筋によると、この会議でP2はマスクをローマ教会とアメリカの実質的指導者になることを支援し、世界権力の暗闘のなかで生き残りを図ることを決めたという。

すでに米民主党は、マスクのことをトランプ大統領に代わる「影の大統領」だと指摘している。

この背景にあるのは、米支配層の中枢を支えるバチカン勢力の財政状況の悪化だ。そのことは、すでにメディアでも報じられている。

ローマ教会は性的児童虐待などをめぐり、各国の裁判所で巨額の賠償金の支払いを命じられた。しかも近年、教皇フランシスコは「同性愛者の事実上の結婚を社会的に認めるべきだ」と発言、反発する勢力がローマ教会内部で反乱を起こしている。そうしたスキャンダルが公に報じられ始めたことでローマ教会への信者からの寄付は激減し、バチカン勢力は倒産まっしぐらの状況なのだ。

マスクが渇望するのは米大統領の座

スペースXやテスラに対して最新の技術を提供していたのは米政府機関であるDARPA（国防高等研究計画局）であった。先の経歴にも記したように、もともとマスクはコンピュータソフトやネット決済の事業を行っていたが、突如、宇宙開発事業に乗り出している。この「転向」の時期にマスクとDARPAの関係ができたとされる。米軍の裏のスポンサーは、ある欧州の富豪一族なのだが、マスクはその一族に取り入り、DARPAの技術を民間事業で実用化することを認められたと聞いている。

ただし、DARPAから提供される技術は決して最先端というわけでもない。世間ではマスクを「天才だ」と呼ぶ向きもあるが、実は画期的な発明をしたわけではない。スペースXのロケットも特別な新技術を用いているわけではないから、何度も打ち上げに失敗している。現時点では火星にも月にも到達していない。衛星の打ち上げまでは成功させているが、それ以上のこととなると失敗の連続と言っていい。テスラの自動車にしても高価なブランド品ではあっても、車の性能は他社の電気自動車を大きく上回っているわけではない。あくまでも「電気自動車としては優秀」ということで評価を得ているだけだ。

トランプ政権が大統領令で示したように、この先、本当に電気自動車への補助を取りやめれば、さらに売り上げを落とすことになるだろう。

テスラにとってはマイナスにしかならない公約を掲げるトランプを、なぜマスクが支援するのかという疑問もあろうが、これはマスクの狙いが別のところにあるからだ。マスクの狙いは、テスラの売り上げを伸ばすことではない。マスクの目的は米大統領の座に就くことだ。

南アフリカ生まれのマスクは、現在の米憲法では大統領になることができない。そのため政権に深く入り込むことで、大統領と同等の権限を得ようと企んだわけである。今回はたまたまトランプが勝ちそうだったからトランプ陣営に加わったが、前述したように、もしもハリスが優勢だったなら民主党を支援していた可能性もある。

今回のトランプ支持は、他者を凌駕する労働量とアイデア力を駆使し、どんな手を使ってでも目標を達成してきたマスクにとって、「天下取り」の第一歩と言えるのだ。

中国に先端技術を売るディィープ・ステートの思惑

テスラは中国で工場を建設するにあたり、中国に対して電気自動車の製造技術を売り渡してしまった。その結果、中国国内においては中国の自動車会社に販売台数で負けている。スペースXやスターリンクの宇宙技術も中国へ売却した可能性が高い。

ただし、このようなアメリカによる中国を利する行動はマスクが初めてやったことではない。パパブッシュ（ジョージ・H・W・ブッシュ第41代大統領）の時代からさまざまな分野の最新技術が中国に売られてきた。パパブッシュの兄弟たちは長期間にわたり中国で商社を営んでおり、中国政府に対してミサイルをピンポイントで目標に到達させる技術なども提供してきた。なぜそんなことをしたのか。パパブッシュらディープ・ステートは、第一次世界大戦に始まり、来たるべき第三次世界大戦に至るまで、一貫して聖書に記された「ゴグとマゴクによる最終戦争」を目指してきたからだ。

中国も含めた地球規模の大戦争を起こし、人類の9割が死ぬことをディープ・ステートは本気で狙っていた。しかし、パパブッシュが大統領を務めた90年代は中国の国力が弱く互角の戦いにはならない。仮に戦争となればアメリカが一方的に勝つことは目に見えている。そのため、あるレベルまで中国の軍事力を高めて均等にしないことには、〝最終戦争〟の計画は成功しないわけだ。

だからアメリカは北朝鮮に対しても、パキスタンを経由してミサイル開発の技術を提供しているのである。

「USAIDマネー」によるメディア支配

ＤＯＧＥ（政府効率化省）のトップに立ったマスクは、連日大きな話題を提供している。

トランプは財政赤字を削減するために、大胆な経費削減の執行をマスクに求めた。トランプのビジネスマン的感覚からすると、米政府は無駄な経費が多すぎるということに尽きるのだ。トランプのモットーは「規制を一つかけるのであれば旧来のものから二つ排除せよ」というものだ。米政府は新たな仕事を上積みするばかりで、それに応じて経費も膨れ上がるばかりだった。

その多額の経費を賄うために、アメリカ人の収入のおよそ55%はなんらかの形で政府に回されている。それによって国民の生活が窮すれば経済活動は冷え込み、税収は下がっていく。この負のスパイラルを解消するため、不必要な役所を減らそうというのがトランプの意図である。マスクはこのトランプの思惑に対し、初期段階においては、ほぼパーフェクトに応えている。

「USAIDという〝公益〟をうたう機関は、りんごにウジ虫がついているのかと思ったら、ウジ虫の塊でりんごなどではなかった」

アメリカの対外支援業務を担当する国際開発庁＝USAIDの調査に入ったマスクは、こう断罪した。

トランプとマスクはディープ・ステートを一網打尽にするために、綿密に計画を立てていたとされる。USAIDに踏み込むことが事前にバレてしまえば証拠隠滅をされる。そのために、マスクはいったん表舞台から姿を消し、油断をさせておいてからUSAIDの事務所を急襲、本部のサーバーをすべて押収した。逮捕されるおそれのあるUSAIDの職員たちは、アメリカから逃げ出すしかなかった。

このガサ入れ調査を受けて、USAIDはすべての職員に対して休暇に入るよう指示。実質的な閉鎖に追い込まれた。

USAIDの実態は汚職と世論操作の温床だった。とくにウクライナに対する援助は多額で、USAIDが2023年度に支出した720億ドルのうち、ウクライナには160億ドルが回されていた。もちろん最大の支援先である。

ウクライナメディアの関係者によれば、同国メディアの7割以上がUSAIDの助成金に依存して運営されていたという。

そうしてUSAIDは、ウクライナ公共放送を「民主的なテレビ局にする」という名目で、西側の有利になるような一方的な主張を垂れ流させた。そして各国メディアは、ウクライナ公共放送による報道を「ウクライナの真実の声」として報道してきたわけである。

同様のＵＳＡＩＤマネーによるメディア操作は、ウクライナにとどまらず世界各国で行われてきた。もちろん日本もその対象であり、資金提供を受けてきた評論家などは早々にメディアから姿を消すことになるはずだ。

反政府組織の資金源

ＵＳＡＩＤは何十年もの間、説明責任を果たさないまま官僚たちによって運営され、米国民の税金をバカげた偽善プロジェクトに投入してきたのだ。

ホワイトハウスはＵＳＡＩＤによる過去の浪費と悪用を指摘する声明を発表し、具体例を挙げている。以下に代表的な事例を記す。

●セルビアの職場とビジネスコミュニティにおける多様性、公平性、包括性（ＤＥＩ）の推進……１５０万ドル

●アイルランドでのＤＥＩミュージカル制作……7万ドル
●コロンビアでの「トランスジェンダーオペラ」制作……4万7000ドル
●ペルーでのトランスジェンダー・コミックブック制作……3万2000ドル
●グアテマラでの性転換手術とＬＧＢＴＱ活動の支援……200万ドル
●エジプトの観光業への資金提供……800万ドル
●指定テロ組織と関連のある非営利団体への資金提供……数十万ドル
●武漢研究所との関係が指摘されるエコヘルス・アライアンスへの資金提供……数百万ドル

他にもアルカイダ関連戦闘員への食料提供、アフガニスタンのケシ栽培とヘロイン生産のための灌漑用水路・農機具・肥料の費用提供等々。

ホワイトハウスは「このリストは延々と続く。そして、このようなことが何十年にもわたって行われてきた」と説明している。

もちろん、前記以外にも貧困にあえぐ人々への人道支援など、まともな活動も行っている。しかし、テロ組織支援を疑われる支出や多文化共生社会の実現、女性の権利の擁護、マイノリティへの支援・権利の擁護などの項目の多さは目に余る。

さらにマスクは、ＵＳＡＩＤが「ＣＩＡの不正活動」や「インターネット検閲」に関与しているとする動画への反応として、「ＵＳＡＩＤは犯罪組織だ」と自身のＸアカウントに投稿すると、「あなた方の税金を使って、ＵＳＡＩＤが新型コロナウイルス感染症を含む生物兵器研究に資金を提供し、何百万人もの命を奪ったことを知っているか？」と続けた。

ＣＩＡの不正活動とは、政権転覆に向けたテロやデモなどの反政府行動を世界各地で扇動してきたことを指す。その際の資金にＵＳＡＩＤの予算が使われてきたというのだ。ＣＩＡの海外活動における現地とのパイプ役がＵＳＡＩＤだとする指摘もある。

エルサルバドルのナジブ・ブケレ大統領は、長期にわたって続いてきた国内の反政府デモが終息すると、「ＵＳＡＩＤの資金がなければ、反政府の連中は存在しなくなる」と話している。

ＵＳＡＩＤの閉鎖と前後してＣＩＡは全職員を対象に早期退職の勧奨を始めた。トランプの予算削減方針に従ったというのが建前だが、その裏にＵＳＡＩＤとの不適切な関係への追及があったことは明らかだ。

他にもUSAIDに関しては、オバマの母親がUSAIDの資金でブラジルの検閲機関に賄賂を送り続け、同国におけるXのサービス停止を働きかけていたという情報もある。またソロス財団は、USAIDから2億6000万ドルもの資金を得て、カラー革命を裏から操っていたとされる。カラー革命とは2000年頃から旧共産圏諸国のユーゴスラビア、セルビア、ジョージア、ウクライナ、キルギスなどで起こった民主化を目指した一連の政権交代のことである。

ジョージアでは2024年にも大統領選挙をめぐって大規模デモが繰り広げられたが、デモの主要人物がやはりUSAIDやソロス財団が支援する「ジョージア市民社会財団」などから資金援助を受けていたことが明らかになった。

繰り返すが、USAIDの活動のすべてが悪というわけではない。しかし、その大半がアメリカや世界にとって不必要なものであったことは間違いない。

DOGEの調査で明るみになる政府機関の不正

ＤＯＧＥはＦＢＩ本部にも査察に入り、２０２１年の議事堂襲撃事件を担当した捜査官５００人の名前を聞き出したとされる。

トランプ新政権下でＦＢＩにはかなりのメスが入ることになるだろう。私の出身地であるカナダ・オタワには「官僚はどうやってウインクする?」「片目を開ける」というジョークがある。官僚はいつも目をつぶって何もしてないという揶揄だ。

アメリカも同じようなもので、官僚だけでなくグーグルやアップルなどの大企業でもまったく働かない、何もしてない従業員が多いと聞く。

これまでアメリカをはじめとする欧米諸国は、世界中の発展途上国から資源を奪い、それを右から左へ動かすだけで利益を得て、自分たちが汗水たらすことなくつくったお金を管理しているだけだった。

もともとは働き者だったアメリカ人たちはそうするうちに腐っていった。だからトランプ革命を機にいったん、冷や飯を食うといい。

２０２５年2月の半ばには、社会保障に関するＤＯＧＥの調査結果として、トランプは「最高で３６０歳の人にまで社会保障費が払われている」として呆れてみせた。同調査によると１２０歳から１２９歳までのアメリカ人が３４７万２０００人、１３０歳から１３９歳までは３９３万６０００人、２２０歳から２２９歳の人が１０３９人も保障対象として社会保障局のデータファイルに記録されていたという。不正な給付が行われていただけなのか、それとも何らかの裏金に回されていたのか。真相はこれからの調査で明らかになる。

ＥＰＡ（環境保護庁）のリー・ゼルディン長官は、「バイデン政権はまるでタイタニック号から金の延べ棒を投げ捨てるように、２００億ドルもの税金を急いで使い切ろうとしていた」として、税金の不正流用を告発した。そのうち約70億ドルは「Climate United Fund」という活動実態が不明の気候変動に関する団体に流れていたという。

また、ＤＯＧＥが財務省の支出を調査したところ、４・7兆ドルの使途不明金が発覚した。マスク率いるＤＯＧＥのチームは「今後、こうした使途不明金はすべて撲滅していく」と宣言している。

DOGEの活動に関しては、もはや目に見える大きな抵抗もなくなりつつある。今後はUSAID閉鎖以上の驚くべき改革が起こるだろう。その影響でアメリカがカオスになることは間違いない。一気に根本的な方向転換が行われるため、その反動はどうしても大きくなる。

政府機関をクビになった人たちは、しばらくの間、冷や飯を食うことになる。彼らはSNSやメディアを通じて政府批判を繰り広げたり、デモをしたりする可能性も高い。だが、しばらくすればまた何かしらの職に就いて働くようになる。そうすれば健全で豊かなアメリカを取り戻すことになるはずだ。

マスクが夢想する「新世界」とは?

トランプ新政権発足から忠実な部下として働く姿勢を見せているマスクだが、それが本当にやりたいことだったのかといえば疑問が残る。

ビル・ゲイツはWHOを利用し、世界中の人間に「ワクチンパスポート」という形のマイナンバーを振ることで管理支配を狙った。

それに対してマスクは、AIと脳内のマイクロチップ、デジタル通貨によって世界管理を企んでいる。

マスクが描く新世界は、すべてのお金をデジタル化し、それと同時に全人類の脳内にコンピュータチップを入れ、AIを使って全人類の思想や行動を管理するものだ。ネット決済のペイパル、自動運転を可能にするテスラ、衛星通信のスターリンク、脳内にチップを埋め込むニューラリンクなど、マスクの手掛けてきたこれまでの事業をつなぎ合わせれば、自ずとそういった結論になる。

マスクの目指す世界では、SNSなどで政府に不都合な発信をすれば、乗っていた電気自動車を走らなくする。反政府的な活動をすれば買い物をできなくする。そのような世界を構築することを目指している。

最先端でデジタルな手法には見えるが、全人類に番号を振り、それによって完全なる管理を望むことは、世界の「人間牧場化」を目指すという意味ではディープ・ステートと変わらない。

マスク自身が革新的なイノベーターであり、世界をよくしたいという意図が感じられるぶん、ディープ・ステートのやり口よりもスマートではあるが、最終的に目指すところは同じだ。

そうした野望を抱えるマスクにとって、現状ではトランプをアイコンに使ったほうがさまざまな計画を進めやすいというのがマスクとその背後にいるＰ２フリーメイソンの判断と思われる。

また、ディープ・ステートは自分たち一族の権力拡大と、その維持を目指す集合体であったが、マスクは、あくまでも個人の理想を追求していることが異なる点だ。ただし、マスクのバックについているのは伝統的組織のＰ２フリーメイソンとバチカンのため、いつの間にか血族主義に方向転換し、「不要な人間は火星に送り込め」となる可能性も否定できない。

中国の歴代皇帝は、中国全域の支配はするが、誰が皇帝になるかによってその支配方法が違っていた。マスクとディープ・ステートも世界全体を支配するという目標は同じだが、どのような方法で支配体系をつくるかが違うだけだ。

当然、マスクの急進的な改革への反発は今後大きくなるだろう。ニューヨーク州南部地区連邦地裁のポール・エンゲルマイヤー判事は、マスクとDOGEが財務省が管理する米国民数百万人の個人財務データにアクセスすることを禁止する判決を下した。記録のコピーも直ちに破棄するよう命じた。

マスクは自分のソーシャルメディア「X」に、この判決を「まったくもって狂っている」「お金の使われ方を見ないで、税金の無駄遣いや詐欺を防ぐ対策を、どうやって取るんだ？」と投稿した。

先にも述べたが、マスクは何かを発明するクリエイターではない。米国民の血税によって運営される軍の払い下げの技術を利用してきただけだ。プッシュしてきた電気自動車も、先行する大手自動車メーカーと比べれば、さまざまな部分で技術は劣っており、決して革新的なものではなかった。

今後、米宇宙軍はトランプ経由で反重力などの革新的技術を少しずつ公開していくことになる。これはあくまでも軍からの発表となるはずで、マスクに反重力といった最新技術が提供されることは、現状ではないと米軍筋は伝えている。

一枚岩ではないトランプとマスクの関係

トランプは大統領就任式の演説で「火星に星条旗を立てる」とマスクを紹介した。将来の有人火星探査に向けて巨大宇宙船スターシップを開発しているマスクが登場すると、トランプに引けを取らない大きな歓声で迎えられた。

トランプ政権のナンバー2といった様子だったが、それからしばらくはほとんど動きを見せないどころか、「冷遇」を感じさせる状況であった。

DOGEにおいて共同でトップを務めるはずだった実業家のビベック・ラマスワミは、就任式当日に「オハイオ州知事選への出馬準備」という理由で組織を去った。「トランプとマスクの方向性の違い」「トランプ政権に吹くすきま風」がメディアに指摘された。

前述したように、マスクは当初、DOGEの事務所がホワイトハウス内に設置されると意気軒高に話していたが、いざ政権がスタートすると与えられたのは外部の事務所だった。

ＤＯＧＥのスタッフも２００人しかおらず、たとえるならば東京本社社長になると言いふらしていた人間が、いきなり地方支店の副部長にされたような格下げの待遇となっていた。

トランプがソフトバンクグループなどと発表した巨額のＡＩ投資事業「スターゲート」についても、マスクは不満を募らせた。大統領就任式でスターゲートについての発表がなされると、マスクはその翌日、前夜の熱狂がすっかり冷めた様子で「（スターゲートの出資者に）それほどの資金はない」と文句をつけた。

また、出資者の一人であるオープンＡＩのサム・アルトマンとマスクはＡＩ投資事業において対立関係にある。これに対してトランプは「たまたまイーロンが嫌っている人物がいただけだ」と説明するだけだった。だがトランプには、アルトマンを起用することでマスクを牽制する考えもあったのではないか。

トランプとマスクは互いに相手を利用する以上の関係にはない。トランプにとってのマスクは、その資金力や起業家としてのバイタリティが頼りになるというだけでなく、Ｘで世界一のフォロワー数を誇る優秀な広報マンでもあるのだ。

マスクはトランプに取り入って政権中枢に食い込むことにより、自身のビジネスであるテスラやスペースXにとって有利になる政策を進めること以上に、自分自身がアメリカをコントロールする立場を手に入れたいという意図がある。

だがトランプは自身より目立つ人物を快く思わない性格であり、DOGEでの活躍によりマスクが脚光を浴び続けることになれば、蜜月関係はあっさり崩れる可能性もある。

トランプの大統領在任中、マスクとトランプの暗闘はずっと続くことになるだろう。その間にマスクが政権奪取の意図を露骨に表してしまうと、即座にトランプからパージされてしまうこともあり得る。そして、すでにトランプはマスクに対し、「あまり調子に乗るな」と忠告していると私は聞いている。

暗号通貨を推しているのはマスク

繰り返すが、私のマスクについての評価は、「善」と断じたことはなく、あくまでも「グレー」である。

買収したXについてマスクは「言論の自由の場」と言うが、私自身は現在でもXで検閲されている。私以外にもXに出入り禁止になっている人はたくさんいる。

だからある程度は自由を担保して、トランプを支持する層の人々を抱え込もうとはしており、ある一定のラインを踏み越えることは許さないということなのだろう。

イギリスのＭＩ６筋からは、マスクが影武者トランプを使ってアメリカの国家権力を握ろうとしているとの情報も寄せられている。

以前マスクは、ハロウィンの仮装で、胸のあたりにバフォメット（悪魔）が描かれた衣装をまとった自身の写真をXに投稿していた。このあたりは、やはりハザールマフィア（ディープ・ステート）との関係が臭ってくる。

またマスクの母親であり、現役でモデルも務めるメイ・マスクも角の生えた被り物の姿を撮影した動画や写真を公開するなど、悪魔崇拝者的な振る舞いをたびたび行っている。

マスクはトランプの別荘地、フロリダ州のマール・ア・ラーゴにおいて、Ｐ２フリーメイソンとともに「影武者トランプ」を囲い込んでいる。これは「影武者を使った政権樹立」を画策する証拠だとも考えられる。

またマスクは、自身が推進する暗号通貨「DOGEコイン」を使ってバチカンの倒産回避を目論むなど、トランプの経済政策とは異なる独自の経済圏をつくろうともしている。すでにXでは新たな決済機能として、VISA提携のデビットカードと紐づけされた「Xマネー」の運用も開始した。

トランプは大統領選の時から仮想通貨支持の姿勢を鮮明にしており、大統領に就任してすぐに「暗号資産の利用を推進する大統領令」に署名している。その裏には、マスクの強い働きかけがあったものと思われる。

しかし、この暗号通貨の推進は確実に失敗する。まず現状の暗号通貨ではアマゾンなどの大手ECサイトや一般の店舗では買い物をすることができない。さらに米軍筋によると、ほとんどの暗号通貨システムには最初から「バックドア（抜け道）」が仕掛けられているという。欧米のエリートたちは、マスコミやSNSで煽って暗号通貨の値段を吊り上げておいて、カモが集まったところで一気に売り抜けるか、バックドアを使っておカネを抜き取る算段を立てている。

「ビットコインが10万ドルになった」と騒いでおいて、つられて一般人が投資すれば、そのお金を仕手側が奪っていく。一般人がビットコインを手に入れたところで、それで何かを買うこともできない。

ＢＲＩＣＳは中央銀行発行のデジタル通貨を提案しているが、通貨として認められるどうかの判断基準は、一般市民が毎日の買い物に使えるかどうかだ。わかりやすいのはＰａｙＰａｙで、今はコンビニでなどさまざまな店舗で普通に使えるようになった。もちろん、現在のＰａｙＰａｙは現金の裏づけがあって機能しているわけだが、暗号通貨にしてもこれぐらい気軽に利用できるようになってこそ、初めて「通貨」といえる。

だがビットコインの場合はそうなっていない。ＤＯＧＥコインもＸマネーも同様だ。支払いとして受け取る側からすれば扱いが難しすぎるし、価格も不安定だから相手にされていない。

結局、既存の暗号通貨は投資家同士による仕手戦でしかなく、そのことは一般の人々にもバレ始めている。

トランプとマスクが真の蜜月関係になる可能性

マスクは自分の目標や意見を、Xを使って拡散し、「すべて自分が成し遂げる」と発信しているが、トランプはマスクのこういったポストにさほど反応していない。スルーすることも多い。P2フリーメイソンがマスクを使って大統領の権限を奪おうとしていることに、トランプも気づいているからだ。今はマスクのリソースを利用できるし、敵対することのメリットもないので泳がせているのだろう。

だが電気自動車への補助を打ち切り、スターゲート事業の推進を就任式の場で発表したあたりに、トランプとマスクのいびつな関係性が感じられる。

だが今後、両者が真の蜜月関係になる可能性もゼロではない。ひとまずマスクが一歩引いてサポート役に徹すれば、両者の関係は一気に良化するだろう。

トランプ政権が発足する直前、マスクはしきりに欧州の政治にコミットする姿勢を見せていた。

1月5日にマスクは、イギリスの右派野党リフォームUKの党首であるナイジェル・ファラージに対し、「党を率いる資質がない」「党首交代をさせるべきだ」とXにポストした。その後、マスクは同党への寄付を検討していると報じられ、同党への支持姿勢は続けている。ファラージ党首への批判は、イギリスの活動家トミー・ロビンソン受刑者（本名スティーヴン・ヤクスリー＝レノン）に対する意見の相違が原因だといわれる。

ロビンソンは、人種差別主義的で反イスラムとされる政治団体「イングランド防衛同盟」の一員で、現在は法廷侮辱罪で禁錮1年6カ月の実刑判決を受け服役している。

マスクは1月3日、ロビンソンが登場する1時間45分のドキュメンタリー動画を丸ごとXに投稿して「トミー・ロビンソンを釈放せよ！」と訴えていたが、これに対してファラージ党首は「意見が違う」と距離を置く姿勢を見せていた。

1月9日にはドイツの野党「ドイツのための選択肢（AfD）」のアリス・ワイデル共同党首と公開ライブチャットを開催。エネルギー政策、ドイツの官僚制度などについて議論するとともに、マスクはドイツ国民に対して、次期選挙でAfD

を支持するよう呼びかけた。

ワイデル共同党首は右派からも「ちょっとおかしい」と言われているような人物だが、実際にマスクとのライブチャットを見てみると、二人とも極端におかしなわけではなく、結構まともなことを言っていた。

ワイデル共同党首はまず、「エネルギー料金が高すぎてドイツでは産業空洞化が起こっている。なぜ割高のエネルギーを買わなければいけないのか」「グリーン政策で風力発電と太陽光発電に依存しすぎて、風が吹かない曇っている冬の日は電気がないから産業が止まる」「ノルドストリームのパイプラインが爆破された同じ日に原発を停止した政府の方針はおかしい」と現政権を非難していた。

さらに、「今の教育は非常によくなくて、子供はちゃんとした勉強ができてない」とも語っていた。ドイツでは2015年以降、700万人の移民が流入してきたが、その移民たちの増大が犯罪率の極端な上昇と、福祉費用の増額につながっており、現状、ドイツ国民は経済的に困窮しているのだという。

マスクのAfD支持表明を受けて、ドイツ政府は「ドイツ総選挙に干渉しようとしている」と批判。マスクは「なぜあなたがドイツ政治について発言する権利があるのか？」と問われると、ドイツの首都ベルリンにテスラの工場があり巨額の投資をしていることを理由に挙げた。

欧州の政界では「マスクがなぜここまで欧州の右派野党を支持するのか」と警戒の声が上がっているが、説明したように、マスク自身はドイツ派閥であり、ブッシュやオバマ、ヒラリー・クリントンといったドイツ派閥の権力者メンバーなのだから当然の発言ともいえる。

さらにいうと、マスクが欧州政治に口を出すことは、対欧州の厳しい姿勢を強めるトランプとの共闘を示す意味もありそうだ。

また、マスクのバックにいるバチカンとP2フリーメイソンの本拠が欧州であることから、欧州における影響力を強化しようとの狙いもあるのだろう。

第3章

世界を喰い物にしてきたディープ・ステート

ダボス会議での敗北宣言

「誰が勝ったかだけでなく、誰が負けたかも考慮する必要がある」

２０２５年1月23日、スイスで開かれた世界経済フォーラムの年次総会、いわゆるダボス会議で流されたトランプのビデオメッセージを受けて、参加者の一人はそのように語った。勝ったのはトランプ。負けたのはダボス会議に集まったグローバリストたちだった。

トランプは第47代アメリカ大統領に就任すると、これまでダボス会議に群がる大富豪たちがコントロールしてきた世界運営の方針とは１８０度異なる政策を次々と打ち出した。

ダボス会議が後押ししてきたＷＨＯやパリ協定からの離脱を早々に発表。ダボス会議が推奨してきた電気自動車への優遇措置も取りやめた。ダボス会議が世界的に広めてきたＬＧＢＴＱ運動にも反対し、「公的な性別は女性と男性しかない」と宣言した。

ダボス会議を主宰するクラウス・シュワブはかつて、「未来を決めるのは我々だ」と語った。だが彼らがやろうとしてきたことは、ほぼすべてが失敗に終わろうとしている。

今回のダボス会議においてトランプの影響力は絶大で、これまでの彼らの方針が崩されてしまった以上、何を話し合ってもまともな結論が出ることはない。

フィンランドのアレクサンデル・ストゥブ大統領が「トランプ大統領の話を聞き、それに応じて行動するだけだ」と話したように、彼らは下手な主張をすることでトランプの標的になることを恐れていた。

熱烈なトランプ支持者であるアルゼンチンのハビエル・ミレイ大統領はそんな状況を「トランプが掲げる方針は、よりよい世界を創り出すだろう」と歓迎する。

トランプはダボス会議のビデオ演説で、世界各国に向けて「アメリカ国内に工場を建て、製品を製造しないのであれば、高い関税を払え」と言い放つと、とりわけEUとカナダの対米貿易黒字に強い不満を示した。

NATOに加盟する各国の防衛費については「自国のGDPの5％にまで引き

上げること」を求めた。さらに中近東の産油国にも原油価格の引き下げを促し、サウジアラビアに対しては1兆ドルの対米投資を要求。また、アメリカの金利引き下げに従い、世界各国でも同様の金利引き下げを実施するよう呼びかけた。

ＥＵに対しては、「アメリカの自動車と農産物を買わないくせに、アメリカでたくさんの車を売りつけ、何十億ドルもの貿易赤字があることは受け入れ難い」と非難した。

ダボス会議の参加者たちは、「とにかくアメリカの赤字を解消するために、世界各国はどうにかしろ」という「ＭＡＧＡ」な主張を繰り返すトランプの姿を見て、沈痛な面持ちで黙り込むことしかできなかった。

ビルダーバーグ会議もトランプに屈服

ダボス会議のさらに上位組織にはビルダーバーグ会議がある。これは１９５４年、欧州と北米が話し合うため、非公開の場として創設されたもの。高級ホテルやアルプスのリゾート地で秘密裏に会合を開き、出席者たちは世界の政治、経済、安全保障について議論してきた。

メンバーにはCIAやMI6のトップ、欧米の貴族、大富豪らが名を連ね、戦後の東西冷戦や、アメリカが認定したイラン、イラク、北朝鮮といった悪の枢軸国への対処など、西側諸国の世界運営方針について議論を重ねてきた。メンバーにはあまり世間に顔を出したくない、あるいは発言を聞かれたくないという人物が多く、そうした人々も参加できるように非公開とされてきた。この会議に参加した者がのちに大統領になるなど、大きな影響力を持つ組織であることは間違いない。

前議長のイェンス・ストルテンベルグはもともとNATOのトップで、2024年の米大統領選の際には「トランプのNATOに対する暴言は、欧州の安全保障に対する彼のコミットメントに懸念を抱かせた」と批判的な姿勢を見せていた。

だが、ビルダーバーグ会議運営委員会メンバーで、シンクタンク「ハドソン研究所」のナディア・シャドローは、2024年10月に発表した『欧州はトランプ復帰の可能性を脅威と見なすべきではない』と題する論文において、「トランプはNATO加盟国に対して『国防に十分な予算を充てていない』と攻撃するが、欧州はそんなトランプと協力する姿勢を見せるべきだ」と説いている。

そうしてビルダーバーグ会議の議長も、新たにスウェーデンで最も裕福な一族ウォーレンバーグ家の頭首であるジェイコブ・ウォーレンバーグに代わった。

こうした変化は、ダボス会議のさらに上位であるビルダーバーグ会議までもが、トランプの軍門に下った証拠とみていいだろう。

「選挙泥棒」を実行しても敗北したカマラ・ハリス

このような「トランプ一人勝ち」の状況になることをどうしても避けたかったディープ・ステートは、先の大統領選挙において、民主党候補のカマラ・ハリスを当選させるためにあらゆる手段を講じた。

ケンタッキー州では期日前投票の際、有権者が投票機でトランプに投票しようとしてもタッチ画面が「トランプ」に反応せず、なぜか「ハリス」の欄に勝手にチェックがついてしまうという事態が発生した。このような「トランプからハリスへの投票すり替え現象」はケンタッキー州のみならず、全米各地で報告されている。

激戦州のアリゾナ州・マリコパ郡の選挙管理委員会からは「票の集計を完了するのに10日から13日かかる」との発言があり、これについてCIA筋は「当然、投票操作によって選挙泥棒をするためだ」と話している。

最大の激戦州とされるペンシルベニア州の地元テレビ局は、投開票日の1週間以上も前に「ハリス勝利」を伝える選挙結果を〝間違えて〟放送した。これはすぐにSNSで拡散され、「ハリス陣営による選挙操作の兆候ではないか」との疑念が広がっていた。

ギリギリまで投票の不正操作は行われ、2020年の大統領選で起きた「バイデン・ジャンプ」ならぬ「ハリス・ジャンプ」も実行されている。

「バイデン・ジャンプ」とは、途中までは明らかにトランプが優勢だった投票地区の数字が、深夜の1時間で一気にバイデンの票が増えて逆転する現象だ。この「バイデン・ジャンプ」と同様の動きがハリスへの投票でもみられたのだ。

その結果、IDがなくても投票できる州ではハリスが勝利した。しかし全米となると、あまりにも票差があってトランプを超えられなかった。「ハリスに投票したのは、不法移民とコピー機と死んだ人だけだ」とまで言われている。

実際、トランプのYouTube番組のビュー数は5000万人にもなるが、ハリスのYouTubeはいちばん人気の動画でもせいぜい200万ビューしかない。

不正選挙は行われたが、トランプ支持者が多すぎて、選挙泥棒をし切れなかったというのが実情だった。

日本のテレビなどは「カマラ・ハリス絶好調」などと盛んに宣伝していたが、現実を見れば副大統領になった時点から、米国内ではものすごく嫌われていた。

最終的な投票数は「紙一重だった」「投票の仕組みによってトランプがなんとか勝てただけだ」などと言われたが、それは嘘八百だ。

不正な投票操作によって「ボロ負けではなかった」という形にはなったが、実際にはハリスが最終的に獲得したとされる数字の1割も得票していない。実数で見れば9対1でトランプが勝っていた。

カマラ・ハリスの夫であるダグ・エムホフは、こうした結果が出る以前に「ハリスが大統領に就任する日、ホワイトハウスのドアの上にメズーザーが掲げられる」と発言していた。メズーザーとは、一般にユダヤ人の家やシナゴーグ（ユダヤ教の礼拝所）の出入り口付近に設置される門柱で、ユダヤ教徒はそこに入るたびに手を当てて祈るのだという。

イスラエル諜報機関のモサド筋は「エムホフはユダヤ系とされているが、実のところはチャバドの幹部だ」と話している。チャバドとは「人為的に世紀末戦争を勃発させて人類の9割を抹殺し、残りの人々を自分たちの奴隷にする」という狂信的思想を持ち、悪魔崇拝の生贄儀式を執り行う、ユダヤ教を名乗るカルトの過激派集団だ。エムホフがチャバドの幹部であれば、もしもハリスが大統領に就任していたならば、アメリカ人の家畜化がさらに加速していたはずだ。

ロサンゼルス大火災の謀略を阻止したトランプ

今まではイスラエルがアメリカ支配の実質的な司令塔だった。だがトランプの大統領就任式にはユダヤの宗教的指導者であるラビ（聖職者）のアリ・バーマンが招かれた。バーマンは反シオニストの人物である。一方で、シオニスト側の顔役であるネタニヤフ首相は招待されなかった。このことからもトランプ政権において、イスラエルがアメリカの〝影の司令塔〟ではなくなったことがわかる。

これまでは米政府の上位にイスラエルがいて、大統領をはじめとする政府高官たちはイスラエルやウクライナの旗を振ることで賄賂をもらっていたが、それがなくなることになる。

結局、ウクライナへの支援という名目で支払われた資金の大半は政治家への賄賂として配られ、武器などの支援物資も中古品として投げ売りされただけだった。

ロシアのＦＳＢの人間にも聞いた話では、ウクライナのシナゴーグには大量の武器が保管されていたという。電源がないと使えない武器は前線で使えないから、そうしたものをシナゴーグに集めて、中近東のテロ組織や南米の麻薬カルテルに転売して、資金を稼いでいたのだ。そういう事実を把握していたからこそ、ロシアは欧米からウクライナへの武器援助にさほど目くじらを立てることはなかったのだという。

今後は「ウクライナ支援」に関する大本営発表の嘘が、すべて暴かれて表に出ることになるだろう。

〝嘘〟に関して言えば、ダボス会議ではいまだに「気象変動が問題だ」と提言している。その証拠として２０２５年１月７日から始まったロサンゼルスの火災を議題に取り上げていた。

過去に発生した大規模火災の場合、実は放火したとされる犯人は必ず捕まっている。だが、犯人逮捕の報道は、誰もが火災のことを忘れた頃に、ごく小さな扱いで報じられるだけだった。火災の原因は気象変動ではなく放火なのだが、この不都合な真実が世界に広まらないよう、大手メディアもグルになって隠蔽してきたのだ。

これまで世界を支配してきたディープ・ステートは、あらゆる謀略において長期計画を立てる。今回のロサンゼルスの山火事も、すでに２０１８年には計画されていたものだと米軍筋は伝える。

実際のところ、火事が起きた地域ではその4カ月ほど前に、突如すべての火災保険がキャンセルされていた。また地域の防火水槽にはほとんど水が入っておらず、それが消火活動を妨げることになった。しかも、なぜかロサンゼルスの消防設備の多くは「ウクライナに寄付」されていた。その消防設備は本当にウクライナに寄付されたわけではなく、おそらく、武器や弾丸などと一緒にどこかの闇市場で売り払われたのだろう。

そうしてロサンゼルス一帯を燃やしたあとに「地上げ」を行い、2028年には「スマートシティ」を設立しようというのが本来の目的だった。

このロサンゼルスで建設予定だったスマートシティは、すべての住人が自動運転の電気自動車を持って移動し、買い物は生活に必要なものすべてが15分以内に入手できる。その点だけをみれば非常に快適で便利だが、スマートシティを出ようとしても、遠隔操作で電気自動車は止まってしまう。またソーシャルメディアで政権を批判するなど反政府的な行為をすれば、途端に48時間買い物ができないというようなペナルティが与えられる。そのようなスマートシティ計画により完全なる人間牧場をつくろうとしていたのだ。

ロサンゼルス大火災に「指向性エネルギー兵器」が使われた証拠を示す映像も数多く出回っている。指向性エネルギー兵器とは、ミサイルなどを使うことなく目標物に直接、電磁波などを照射し、攻撃するものをいう。

2024年2月に発生したテキサス州の山火事の際、当時のバイデン大統領が「屋根の色を青にすれば、家は破壊されない」と発言したことがあった。青色は指向性エネルギーを反射して被害を受けないという性質がある。そのためこのバイデンの発言は、テキサスの山火事が、不法移民に関する政府の方針に反発する同州への攻撃であることを示すものだといわれた。

そして今回のロス火災でも、周囲が焼け野原となっているなかで「青い家」や「青い車」だけが無傷で残っていたとの報告もある。

トランプは大統領就任直後の1月25日、火災現場を視察すると「復興支援」を約束した。ディープ・ステートによるスマートシティ計画を阻止したわけである。

〝消えた〟ディープ・ステート系の指導者たち

ディープ・ステートは第三次世界大戦の勃発を狙って北朝鮮やイランを挑発するなど、なり振りかまわない抵抗を試み完全にパニック状態に陥っている。

米軍筋によると、最大で70万人もの悪魔崇拝者たちが「生贄として子供を殺害した罪」で逮捕されることになるという。そうなれば、その70万人はあらゆる手段を講じて抵抗し、是が非でも追及から逃れようとするだろう。

有名なタイタニック号の沈没（1912年）は、ディープ・ステートが自分たちの計画に反対していた大富豪たちを集めて一気に殺害したものだった。このように、過去からずっと、そういう謀略をやってきた連中なのである。

意外に思うかもしれないが、軍事的な面で考えた場合、ディープ・ステートを一掃することはさほど困難なことではない。スイスのある学者が多国籍企業を分析したところ、その9割がたった700人によって運営されていることがわかったという。複数の大企業の取締役をやっているビル・ゲイツのような人間が700人いるわけだ。

その700人を、何かしらの形で排除してしまえば、ディープ・ステートを壊滅させられるのだから、米軍の力をもってすれば決して難しいミッションではない。

実際問題として近年、これまでの支配者層の多くが消えている。

2024年4月にはクラウス・シュワブが世界経済フォーラムの会長職を退任するとの発表があった。報道には出ていないが、すでに死亡しているとの情報もある。

ロンドンの名門投資銀行であるN・M・ロスチャイルド&サンズの頭取を務め

たエヴェリン・ロバート・ド・ロスチャイルド・コンティニュエーション・ホールディングス頭取のダヴィド・ド・ロチルドも死んだ。ロンドン・ロスチャイルド家当主ジェイコブ・ロスチャイルドも死んだ。

ロスチャイルドのフランス家のトップであるジョン・ミシェル・ド・ロスチャイルドも反ディープ・ステート陣営に降伏しようとしている。このジョン・ミシェル・ド・ロスチャイルドは一般的にはブリジッド・マクロンを名乗り、エマニュエル・マクロン大統領の妻として知られる。フランスは2024年の1年間で3回も首相が交代する異例の政変劇に見舞われている最中だ。

EUの執行機関・欧州委員会の委員長ウルズラ・フォン・デア・ライエンは350億ユーロを使ってワクチンを欧米各国に買わせていたことが発覚。この際にライエン自身も製薬会社から利益を受けたとして裁判が行われると、重い肺炎で2週間入院していたはずの病院から姿を消した。

カナダのジャスティン・トルドー首相も与党・自由党の党首と首相の職を辞任すると表明した。オーストリアのカール・ネハンマー首相も辞任した。この2人の指導者は、いずれもウクライナ戦争でゼレンスキー政権を支援するディープ・ステートのナチス一派である。それが2025年に入ってから同時に表舞台から消えた事実は、今後「西側指導者の総入れ替え」の動きが加速していくことを示唆している。あとはイギリスのキア・スターマー首相が辞任となれば、ナチス一派の敗北が決定的となる。

金融システムのトップにいた人間も次々と失脚している。ウォール街の大富豪たちはFRB利権の温存のため、トランプとその周辺の人物たちに巨額の賄賂をオファーしているとの話も聞く。

トランプは「それら大富豪たちの援助によってビジネスマン時代に莫大な富を築いた」という過去があるため、そうした大富豪たちはトランプの温情で生き残ることも考えられる。

いずれにしても、こうした変化がこの先さまざまな分野に広がって、我々の想像を超える社会の変革が起こることは間違いない。

壊滅寸前状態のディープ・ステート

反ディープ・ステートを掲げる欧米の改革派はアジア勢と連携して、「世界連邦体制（緩やかに連帯する多極的な世界）」の誕生を目指している。彼らはアジアの結社と欧米権力のいくつかの重要拠点において、「世界未来企画庁」の新設に向けた根回しを行っているという。

情報筋によると、生前エリザベス女王はアジアの王族と交渉し、「これから人類全体が種として目指すべきは、人類を含む地球生命体の質と量を高め、さらには多様化させていくこと」という結論で合意に達している。これが新国際機関の世界未来企画庁の基本理念となる。そのため、世界未来企画庁の最初の任務は「貧困と環境破壊を止めるための大規模キャンペーン実施」になるとされる。

「既存の世界システムはもはや機能不全であり、早々に置き換える必要がある」というのが欧米改革派の考えだ。

人類は今、約6500万年前に起きた恐竜絶滅以来、最大の動植物の大量絶滅の危機を引き起こしている。「巨大国際犯罪マフィア＝ハザールマフィア＝ディープ・ステート」は、世界各地でなんら罰を受けることなく戦争やテロを引き起こし続けた。ディープ・ステートは、毎年800万人の子供たちを悪魔への生贄として拷問し、命を奪っている。そんな彼らが、多くの国の民間中央銀行と多国籍企業の90％を支配する世界支配体制の強大な権力者であった。

欧米改革派は、その巨大国際犯罪マフィアを権力の座から引きずり下ろす寸前のところまできている。トランプが新たな大統領に選出され、改革派の顔役となったことで、こうした動きはますます加速していくだろう。

退任直前のバイデンが勲章を贈ったヒラリーとソロス

バイデンについて、私は英語で表記するときにはいつも「JOE-Biden」ではなく「O-Biden」と綴っている。バイデンの裏には常にオバマ元大統領（Obama）がいるという意味だ。バイデン政権の実態は第三次オバマ政権だった。

オバマということは、当然ロックフェラーも大きく関わっていた。2020年の大統領選でもロックフェラーの大きな支援を受けてバイデンは当選している。

その前の2016年の大統領選で敗れた民主党候補のヒラリー・クリントンは、ヒトラーの子孫であると同時にロックフェラーの子孫でもあり、その両方の系統を継いだのがヒラリーだった。3者ともディープ・ステートのドイツ派閥ということで、ロックフェラー一族はオバマ、ヒラリー、バイデンを支援。バイデン政権の閣僚、「三極委員会」「外交評議委員会」のメンバーもすべてロックフェラーの息のかかった人間で構成されていた。

バイデンは退任直前の2025年1月、ヒラリーらに文民としての最高位となる「自由勲章」を贈呈している。

自由勲章はアメリカの国益や世界平和、それに文化的活動などに貢献した人たちに贈られる栄誉という建前で、この時は他に、映画『バック・トゥ・ザ・フューチャー』などで知られる、俳優のマイケル・J・フォックスや、サッカーのアルゼンチン代表で現在はアメリカのプロリーグでプレーするリオネル・メッシ、NBA

で活躍したマジック・ジョンソン、ロックバンドU2のボノ、そしてジョージ・ソロスらが受章した。

バイデンが最後にできることとして、ロックフェラーの一派に勲章を振る舞ったわけである。

これが、彼らにとっての最後の栄誉となる可能性はきわめて高い。

パンデミック騒動で10兆ドルを荒稼ぎ

最初にウイルスを用いたパンデミック計画が発表されたのは、1975年の世界銀行によるレポートだった。国際開発金融機関である世界銀行もロックフェラーの傘下にある。

そして新型コロナによるパンデミックは、ほぼ世界銀行のリポートのとおりになった。

WHO＝ビル・ゲイツが提唱した「パンデミック条約」は「今後パンデミック

が起きた時には、WHOに独裁的な権限が与えられる」というものだった。ディープ・ステートの重要派閥であるロックフェラー一族は、パンデミック条約を利用して世界政府を樹立しようと考えていた。「パンデミックに打ち勝つため」という名目があれば、全人類が団結して、世界政府が生まれるだろうという目論見だった。

ちなみに、全人類の共通の敵をつくり出し、それにより世界を団結させようという試みの最初は、1938年、H・G・ウェルズのSF小説『宇宙戦争』を脚色したラジオドラマ『宇宙戦争』だ。タコ型の宇宙人が地球侵略にやってくるというこのドラマを、当初多くの人が信じてパニックが起きた。だが宇宙人による地球侵略というテーマはあまりにも突飛で、全人類に共通の恐怖を与えるまでは至らなかった。

その宇宙人をウイルスに切り替えたものが新型コロナパンデミック騒動だった。しかしその計画も最終的にはうまくいかなかった。

それでもインチキなPCR検査や危険ワクチンによって、ディープ・ステートは概算で10兆ドル程度にもなる巨利を得ることに成功した。

その資金を使って、新たに「宇宙人パニック」を起こそうという計画もあったが、そこは米宇宙軍が阻止したと聞いている。

ウイルスに関しては、第一次ブッシュジュニア政権の時代からずっと、エボラやSARS、MARSなどでパンデミックを起こそうという試みがあった。「黒人だけを殺すウイルス」「黄色人種だけを殺すウイルス」などの人種別ウイルス兵器の研究もなされたが、どれもディープ・ステートが期待したほどの効果をもたらすことはなかった。

それどころか現在は、パラダイムシフトが起こりつつある。

これまでのパラダイムは、危険な疫病が大流行した場合、「みなさんの命を助けるために、ワクチンが必要だ」「だから全員がワクチンを打たなければダメだ」というものだった。

ところが新型コロナのパンデミック以降は「実はワクチンが最大の悪だった」いうことになりつつある。

ワクチン接種を推奨してきた人のなかには、本当に人を助けるつもりだった人も少なくないだろう。だがワクチンの害を知ったうえで、金儲けの道具に使った人間たちも大勢いる。そのような犯罪人連中は、トランプ&ケネディ・ジュニアによって確実に厳罰に処されるとされる。

末期状態のイスラエルとウクライナ

「トランプ革命」の流れのなかで、イスラエルという国家もなくなる。実際のところ、もうなくなっていると言ってもいい。

イスラエルとハマスの戦いに関するトランプの基本的な方針は、イスラエルによるガザ地区への攻撃を止めさせたうえで、この地域を立て直し、その後、パレスチナ人の手に戻そうというものだ。

これにより、長らくイスラエルを後押ししていたディープ・ステート勢力が敗北したことがはっきりした。

情報筋によると、現在イラクに派遣されたディープ・ステートの工作員が「イスラエルのフリ」をしてイランを攻撃し、そのあとに今度は「イランのフリ」をしてイスラエルを攻撃する計画を立てているという。もちろんその目的は、イランとイスラエルの双方を刺激することで「イスラエル対イラン」の戦争を起こすことにある。だが現在のイスラエル政府とイラン政府は、水面下で連絡を取り合っているという。よってこの試みもすぐに頓挫するはずだ。

欧米が混乱に陥っている隙に、トルコは「オスマン帝国の復活」に向けて本腰を入れて動き始めた。シリアを制覇した直後の2025年1月19日には、さっそくイスラム圏の「発展途上8カ国(D8)首脳会議」を開催して、「イスラエルの孤立」と「イスラム圏の融合と団結」を呼びかけた。ちなみにD8加盟国はトルコ、イラン、インドネシア、エジプト、ナイジェリア、バングラデシュ、パキスタン、マレーシアで、これらの国の人口を合計すると15・5億人にもなる。これは世界人口の約19%を占めている。

トルコの国営通信によると、現在トルコは、中央アジア、東アフリカ、紅海、ペルシア湾、黒海、東地中海にまで進出して、ディープ・ステートの軍事拠点であるイスラエルへの包囲網を強化している。

米・英・仏の当局筋によると、すでに多くのイスラエル兵がトルコ軍との戦闘で死亡しており、現在のイスラエル軍は武器も火薬も底を尽き、兵士の多くが完全に戦意を喪失した状態にあるという。

　この状況を受けて、現在イスラエルのネタニヤフ首相は必死で命乞いをしていると米軍筋は伝える。ネタニヤフは、降伏して厳格な法の裁きを受けないかぎり、確実に抹殺されるだろう。イスラエルはもはや国家として終わったというのが私の認識だ。

　ディープ・ステートのもうひとつの軍事基地であるウクライナも、すでに末期状態だ。米軍筋によると、2022年2月24日の戦争開始からの合計で、およそ130万人ものウクライナ兵が死亡、もしくは大ケガを負って戦場から離脱しているという。同筋は「ゼレンスキーは、これまで9カ国の政府に亡命を求めているが、すべて却下された」とも伝える。

　ゼレンスキーは都合3回にわたってトランプの大統領就任式への出席を願い出たが、「どうせゼレンスキーは反トランプの欧州勢力と組むのだから」という理由で却下された。

「オスマン帝国」と「ペルシア帝国」の復活

中近東では新体制をめぐる攻防戦が勃発している。

『ニューヨーク・タイムズ』などでは「シリア政府の崩壊はネタニヤフ首相の勝利であり、イラン・ロシアの敗北である」との論調で報じられている。

しかし、トルコ国営通信では「シリア政府の崩壊はロシアとトルコの連携で実現した」として、イスラエルではなくロシアとトルコの勝利だと報じている。この180度異なる論調こそが、中近東地域における政治状況の複雑さを示している。

イラン政府の関係筋は、すでにトルコとイランの間では中近東の新体制について合意ができていると伝える。それにより今後はトルコを中心としたグループと、イランを中心としたグループに分かれて共存体制を敷いていくことになる。事実上の「オスマン帝国」と「ペルシア帝国」の復活だ。

イラン国営通信は「イランとトルコが貿易協力協定に署名、（取引額の）目標を3

00億ドルに設定」と報じ、「新しい中近東体制」の始まりだとしている。この協定は、テヘランで開催された第29回合同経済協力委員会で、イランの道路都市開発大臣とトルコの貿易大臣の立ち会いのもと調印されたものである。

こうした動きのなかで、イスラエルは弱体化の一方だという。ロシアの国営通信によると、イスラエルの人口の3割程度はロシアから移住してきたロシア系ユダヤ人なのだが、その多くがロシアに帰国している。イスラエルの人間の多くは二重三重国籍を持っているから、逃げ出すのも容易なのだ。

またガザの虐殺を非難するエジプトなどはイスラエルに対して貿易全面停止の処置をとっており、そのため陸路からの物資がイスラエルには入ってこない状態だ。では海路はどうかというと、イエメンのフーシ派が「とにかくイスラエルとアメリカに関係する船は、どんな船であろうが攻撃する」という姿勢にあり、こうした貿易封鎖によりイスラエルは兵糧攻めを受けている状態なのだ。イスラエルの力の低下に伴って、米国内でのユダヤロビーの影響力も弱体化している。

「善良なユダヤ人」と「悪魔崇拝者」

実際、ユダヤ人の大半は真面目で勤勉で、まともな人間だ。しかし、私がハザールマフィア（ディープ・ステート）と呼ぶ司令塔になっている人間たちには悪魔崇拝の人間が多くいる。ホロコーストも悪魔崇拝も彼らにとっては神様であるモロク（古代の中東で崇拝された人身を生贄にする儀式が行われたことで知られる神。別名はサタン）へ捧げるための生贄の儀式だった。

古代イスラエルにおいて、ユダヤ王国がバビロニアに負けた時に、ダビデ王の子孫の男性はすべて殺された。そこでユダヤの王様を守る秘密組織は、ダビデ王の血筋を守るために女系子孫を守ってきた。

ダビデ王はエジプトのファラオの娘と結婚していたから、ファラオの王族の血筋も入ってくる。こうして守られてきたダビデ王とファラオの子孫の女性たちは、その血統の高貴さから世界の王族に妃として送り込まれ、そうするうちにユダヤはかなりの権限を持つようになった。

王家の紋章に赤いラインがあれば、それはユダヤのラインであり、ダビデ王の子孫であることを意味している。このような人たちが世界の王族貴族の上位を占め、世界全体に大きな影響力を持つようになった。

だが同じダビデ王の血を引くものといっても、各国に散った子孫たちは一枚岩ではなく、昔からの敵対グループが存在した。その一派であるカナン族は子供を生贄にしてモロクに捧げ、自分たち以外の部族はすべて家畜であり、人間以下の存在、虫以下の存在であるという発想を持っていた。そのカナン族の一派がハザールマフィア（ディープ・ステート）として社会を支配するようになったわけだが、ユダヤ人全体を見ればほとんどが悪魔崇拝者ではない。

一般的なユダヤ人は「人に接されたように人に接する」という信条を持っている。非常に良心的で、商店ではいい品を安く提供してくれるし、人助けにも熱心だ。

それで「ああ、彼らユダヤ人はいい人たちだ」と地域の他民族の人々が思うようになったところで、悪魔崇拝の人間たちがやってくる。いうなれば、善良なユダヤ人はトロイの木馬のようなものとして悪魔崇拝者に利用されてきたのである。

そして悪魔崇拝者たちは、その国の指導者のところに自分たちの血筋を引く娘を嫁入りさせて、その子供に悪魔崇拝の教育を施していく。長い歴史のなかで悪魔崇拝者たちはそのようにして世界各国を〝上〟から侵食していった。

ユダヤ人というのは梅毒にかかった美女のようなもので、すごく魅力的ではあるが、実際に抱いたらあとで後悔することになる。うまくやっていくためには、しっかりと抗生物質をお互いに飲んでから抱かなければならない。つまり悪魔崇拝者たちの排除が不可欠なのだ。

ディープ・ステート〝最後の砦〟フランス

悪魔崇拝者たちは一般的なユダヤ社会の中にも入り込んでしまっている。第二次世界大戦の前後、イスラエル建国のプランが持ち上がった時も、多くのユダヤ人は欧州を離れることを希望しなかった。そんなユダヤ人たちを大量殺戮したのがホロコーストである。イスラエルの地にイスラエル建国を進めるユダヤ人が、それを望まない欧州に留まる大量のユダヤ人を殺したという内戦のような状況が起きていたのだ。

だがここにきて悪魔崇拝者たちの作戦が次々と失敗に終わると、彼らはイスラエルやウクライナで露骨にその本性を露わにし始めた。イスラエルのガザ地区攻撃の際には「女、男、子供、赤ん坊、ペットまで全部を殺せ」と言い出した。また、ウクライナでは実際に悪魔崇拝の儀式が行われた証拠がたくさん発見されている。

そんなディープ・ステートにとっての最後の砦と目されるのがフランスである。マクロン大統領の妻に扮するジョン・ミッシェル・ロスチャイルドが実質的なフランス大統領として、トランプのつくろうとする新たな世界への抵抗を続けている。

そのフランスに米大使として赴任するのがトランプの娘婿の父であるチャールズ・クシュナーだ。トランプの縁者ということでフランスのディープ・ステート討伐に行くのかといえば、そうとも言い切れない。チャールズ・クシュナーはホロコーストで生き残った父の子ということで善良なユダヤ人と思われがちだが、悪魔崇拝者側である可能性も捨てきれない。

不動産業を営んでいたチャールズ・クシュナーは、マンハッタン5番街666番地に高層ビルを所持していた。知ってのとおり「666」は悪魔崇拝の数字である。たまたまそうなっただけという可能性もあるが、しかし666とはあまりにも露骨だろう。ディープ・ステートがトランプのもとに送り込んだ獅子身中の虫で、それがフランスでマクロン＝ロスチャイルドと合体するというストーリーも十分に考えられる。

第三次世界大戦勃発を画策

2024年12月にマルタ共和国で開催された欧州安全保障協力機構（OSCE）にロシアのセルゲイ・ラブロフ外相が参加した。ラブロフがEU加盟国を訪れるのは、ウクライナ戦争が始まってからでは初めてのことだった。今回の会合では非公開の場で「ウクライナ戦争の終焉」と「第三次世界大戦の回避」について話し合われたという。

SDI（戦略防衛構想）では核テロを想定した大演習が行われている。これまで

ＳＤＩがなにかしら特殊な訓練をしたあとに、実際に想定が現実で起きることは幾度もあり、つまり近々に核兵器を使ったテロが起こる危険性は高い。最も可能性が高そうなのはウクライナだが、米軍筋は「米本土で核テロが起きることもあり得る」と警戒している。

また、核テロ以外でも、ロサンゼルスの山火事のようなとんでもない規模の人工災害が発生することも十分に考えられる。

これまでの影の支配者たちからすれば、トランプ新政権の誕生で、いよいよ自分たちの命が危なくなっているわけで、なんとか大事件を起こして社会を混乱に陥れ、生き残ろうと画策しているのだ。

トランプ新政権が正式に発足する直前のこと。司法省のビルの前で書類細断機（シュレッダー）を搭載した裁断サービスのトラックが目撃されている。バイデン政権を裏で操る権力者らはトランプと彼の支持者たちに対して、さまざまな起訴や裁判を仕掛けてきた。だからこそ、大統領就任後のトランプの報復を恐れて、司法省が保管する「でっち上げ裁判の証拠」を急いで処分していたのだ。

権力者たちは他にも、「自分たちが犯してきた悪事の証拠」の隠滅を図ろうと躍起になっているという。ロサンゼルスの大火災も、「スマートシティ設立のため」という大前提はあったが、それと同時に「悪事の証拠隠滅」の狙いもあったともいわれる。高級住宅の地下室に隠されていた小児性愛や不法移民の性的虐待、臓器売買、儀式殺人、トランプに対する訴訟の捏造、軍事クーデターの企て等々の証拠を燃やすために、指向性エネルギー攻撃を加えたのではないかというのだ。

またこれまでディープ・ステートに脅されてきた者たちにとっても、その衰退は決して喜ばしいことばかりではない。

トランプが国境管理担当に指名したトム・ホーマンは「新政権が発足したら、行方不明になった不法移民の子供32万3000人の捜索または救出を優先する」と約束し、FOXニュースなどのインタビューでは「その多くが小児性愛者に引き渡された」と話している。

西側の多くの国の政治家たちが性的児童虐待や殺人の現場を盗撮されて現在も脅迫されているとされ、ホーマンの指揮で調査が始まれば、それら政治家も含むエリートセレブの「小児性愛・脅迫ネットワーク」の証拠が世に公開されることにもなりかねない。

そんなディープ・ステートに屈服した各国の政治家たちも「第三次世界大戦の勃発」に向けて急いで策を練っている。２０２４年11月17日には、バイデンがウクライナに対して「米国製の長距離ミサイルを使用してロシア領内への攻撃を許可する」と発表した。このニュースを受けてジョージ・ソロスの息子であるアレックス・ソロスは「This is great news（これは素晴らしいニュースだ）」とXに投稿している。

そして、その直後の19日には、ウクライナはミサイル6発をロシア領内に向けて発射した。以前からプーチン大統領は「そのような攻撃があれば、核戦争も辞さない」と公言していたことから、このウクライナによる攻撃はディープ・ステートによる「第三次世界大戦を起こすための工作」と見て間違いないだろう。

だがロシア政府はこのウクライナによるミサイル攻撃がディープ・ステートによる挑発であることを看破して、反撃の際に核を搭載していない通常兵器の新型中距離弾道ミサイル「オレシュニク」を使っている。

ディープ・ステートは、次に「生物兵器の使用」を匂わせて脅迫を始めた。アレックス・ソロスはトランプが厚生長官にケネディ・ジュニアを指名したことを受けて、「またパンデミックが起きたら、アメリカ人は大変なことになる！」とXに投稿した。

mRNAワクチンに懐疑的なケネディ・ジュニアが厚生長官になれば、アメリカはパンデミックを止められないと脅迫したわけである。

しかし、これはハッタリにすぎない。アジアの結社筋によると「新たなパンデミック」を起こそうと暗躍していたグループのうち、少なくとも32人がこれまでに粛清されたという。

「不法移民」という名の工作員

このように、ディープ・ステートは相変わらず「第三次世界大戦を起こすための挑発」をやめる気配はない。

それと同時に、トランプ政権に配下を潜り込ませるための準備にもすでに着手している。

たとえば、トランプが当選した直後に大手マスコミは、国務・国防長官などの外交・安全保障分野の人事において、元CIA長官のマイク・ポンペオを候補として挙げていた。しかしポンペオは、ウィキリークスのジュリアン・アサンジが「自分を殺そうとした人間」と名指している人物だ。当然ながら、トランプ陣営は即座にマスコミ報道を否定するコメントを出した。

トランプの当選が確定した翌日には、反トランプの砦だったカリフォルニア州のギャビン・ニューサム知事が、同州内において「これからトランプが打ち出してくる政策」を無効化すべく、さっそく特別会議を招集して作戦を練っている。

トランプにより排除されるのは、ウクライナ戦争やガザの虐殺に賛同し、危険ワクチン、LGBTQ、移民の受け入れなどの政策を積極的に推進してきた指導者たちだ。

トランプを支持するハンガリーのオルバン・ヴィクトル首相によると、それらを支持している指導者たちは、全員が世界経済フォーラム＝ディープ・ステートの長期計画に基づいて行動しているという。

繰り返しになるが、ディープ・ステートの最終的な目的は世界独裁政府を樹立することである。しかしトランプが大統領選で勝利したことによって彼らの計画は頓挫した。戦後の世界体制を牛耳ってきた欧米権力者たちは失脚し、消えた。そして西側の指導者たちの総入れ替えが始まった。

だがロサンゼルスの山火事を見てもわかるように、ディィープ・ステートはおとなしく退場するつもりはない。彼らは長期にわたって大量の「兵役適齢年齢の単身男性」をアメリカや欧州各国に流入させてきた。その不法移民たちを総動員して、アメリカで未曽有のカオスを引き起こそうとしている。

ロサンゼルス北部のウェストヒルズでは、放火をしようとしていた不法移民の男が市民によって取り押さえられた。その際、男は火をつけるためのバーナーと携帯電話5台、国連が配布したプリペイド式のデビットカードを所持していたという。その所持品からしても明らかに怪しいが、なぜか警察はこの男の逮捕を拒んでいる。そのような事例は増え続けている。

ディープ・ステートの指示でバイデン政権が招き入れた不法移民という名の工作員たちは、今もアメリカ各地に潜伏している。今後はロサンゼルス以外の地域でも間違いなく「とんでもない事件」が多発することになるだろう。

トランプ政権に潜り込む「スパイ」

そうした状況に備え、アメリカではすでに実質的な「軍事政権」が始まっている。米軍内のトランプをバックアップする良心派の勢力は、「不法移民の流入」に加担していたクリントン一族やアレックス・ソロスなどの逮捕にさっそく動いているという。

またディープ・ステートは「アメリカ人の怒りの矛先」を操作しようとしているようにも見える。

２０２５年1月29日に発生したワシントン近郊での航空事故の直後、トランプは唐突に「自分はキリスト教が大好きで、これからはキリスト教徒のために戦う」と発言した。さらに2月4日のネタニヤフとの共同記者会見では「イランがトランプ暗殺を企てれば、イランを全滅させる」と言い放っている。これらは明らかに「キリスト教とイスラム教の対立」を煽る言動だ。

こうした発言は本物のトランプではなく、ディープ・ステートが擁立する偽トランプが発したものか、あるいは本物のトランプの発言をディープ・ステート系のメディアによって改変したものである。

それにより「イランによるトランプ暗殺」という自作自演のシナリオが発動されるようなことがあれば、ディープ・ステート念願の全面戦争がアメリカ対イランという形で勃発することになるだろう。

万が一にもそうしたことが起こらないように「ディープ・ステートの核戦争勃発に向けた動きを阻止するために、核保有国である国連常任理事5カ国が招集された」と米軍筋は伝える。

またCIA筋は「韓国の金龍顕（キム・ヨンヒョン）前国防相は、北朝鮮をドローンで攻撃し、核戦争の勃発を画策していた」と伝える。キム・ヨンヒョンが北朝鮮への攻撃命令を出していたことは韓国の議員からも証言が出ている。

その後、韓国で起きた「非常戒厳騒動」は、北朝鮮と戦争状態になることを想定して宣言されたものだったが、これも不発に終わっている。

それらが失敗に終わると、今度は偽トランプが「イランの核兵器開発を阻止するため、先制攻撃を含む選択肢を検討中だ」と言い出した。これを受けて、ディープ・ステート系の大手メディアは「イランが、ついに核兵器開発を急ぐのではないか」との論調で騒いでいる。

だが思い返せば、ディープ・ステートの管理する大手メディアは30年以上も昔から「イランがあと数カ月で核兵器の開発に成功する」「それを止めるために早く攻撃しなければ」と騒ぎ立て、アメリカvsイラン開戦に向けて躍起になってきた。だが、現在の国際社会において、そのようなプロパガンダはもはや嘲笑の的でしかなくなった。

トランプが指名した閣僚のなかでも、国務長官のマルコ・ルビオ、国防長官のピート・ヘグセス、CIA長官のジョン・ラトクリフ、国連大使のエリス・ステファニク、国土安全保障長官のクリスティ・ノーム、大統領補佐官（国家安全保障担当）のマイケル・ウォルツらはイスラエルによるパレスチナ人の大量虐殺を支持する発言をしている。さらには「イランを攻撃すべき」と主張し、中国にケンカを売るような発言も目立っていた。

つまりトランプ政権の重要閣僚には、「イランを攻撃し、中国を巻き込んで第三次世界大戦に突入したい」というディープ・ステートの意向に沿うシオニスト過激派も潜り込んでいるのだ。これらの閣僚はディープ・ステートによって送り込まれた〝スパイ〟の可能性もあり、今後の言動を注視していかねばならない。

未知の兵器による〝災害にしか見えない攻撃〟

また、世界に大惨事を起こすリスクとして、現在もディープ・ステートが天候兵器と地震兵器を所有していることも大きい。これら兵器の大規模攻撃を用いたディープ・ステートの謀略は、今後も世界の脅威として残るだろう。

その端緒として、トランプの就任式の直後、ルイジアナ州やフロリダ州で大雪が降った。私がこれまで生きている間に、フロリダで大雪というのは見たことも聞いたこともない。これはトランプの別荘マール・ア・ラーゴのある一帯が天候兵器によって攻撃されたものと考えられる。

現在の我々は、第二次世界大戦において、ガダルカナルなどの南方の島で日本人とアメリカ人が戦闘を繰り広げているのを脇から見ていた先住民と同じようなものである。当事者ではないが、巻き込まれたら深刻な被害に遭うという点で、トランプ陣営とディープ・ステートの戦いは注視し続ける必要がある。

ではディープ・ステートが有する天候兵器、地震兵器の攻撃が絶対的な脅威になるかというと、その対抗カードとして、米宇宙軍が持つ「一般には公開されていない未知の兵器」がある。米宇宙軍の存在が、ディープ・ステートの勢力弱体化の流れを逆転させないように抑止しているのだ。

ただ、衛星に搭載したレーザー兵器や反重力兵器といった未知の兵器や、地震兵器、天候兵器での戦いは、それが戦闘なのかどうかすらも我々には理解不能だ。たとえ兵器による攻撃の結果として起きた災害だとしても、「地球温暖化の影響」「南海トラフ地震」などと言われれば、世界中の一般市民は自然災害だと受け入れてしまうだろう。

今後、トランプ陣営とディープ・ステートの戦いでは、こうした災害にしか見えない攻撃が増えていくはずだ。だからこそ、我々はフェイクニュースを見破る目を磨く必要がある。

第4章

トランプ革命の衝撃！
日本の「大変革」と「再生」

「日銀の国有化」や「税務署の廃止」は起こり得る

「新政権は他国の問題に干渉することにあまり興味がない。アメリカが世界の舞台で押しつけがましい振る舞いをした時期もあった。一方、私は一般的に、他国のことは他国に任せるべきだと思う。世界中で政権交代を扇動するよりはましだ」

２０２５年2月中旬、イーロン・マスクはこのようにXに投稿した。「世界中で政権交代を煽動するよりはましだ」というのはＵＳＡＩＤとそれを裏で操るＣＩＡへの皮肉だろう。しかし、その前段の「他国の問題に干渉することにあまり興味がない」というのはトランプ政権の偽らざる本音だ。

ジャパンファウンデーション（独立行政法人国際交流基金。日本の外務省が所管する独立行政法人で世界の全地域において、総合的に国際文化交流事業を実施する日本で唯一の専門機関）でアメリカを担当する部署のトップは、日本の英字新聞で「現在は空白が起きており、トランプはあまり命令を出さないから、日本はもう少し独自にいろいろやる必要がある」という趣旨のことを書いていた。

現在の日本政府は、牧場の柵が開いているのに外に出ようとしない家畜のような状態と言える。自由に政策決定することができにもかかわらず、アメリカの意向を忖度し続けている。石破茂首相は、トランプのブラフ込みの交渉をそのまま受け入れているのがその証拠だ。

「トランプ革命」は、日本の政財界にとって決して対岸の火事ではない。米軍筋は「そのうち日本でも日銀の国有化や税務署の廃止など、今のアメリカと同様の動きが始まるだろう」と話す。世界の新体制が始まる日は着々と近づいているのだ。

日本政府はバイデン政権（＝ディープ・ステート）から言われるがまま、移民受け入れもＤＥＩも「周回遅れ」で実行しようとしている。だが、周回遅れであることが幸いするかもしれない。まだ実行されて間もない、もしくは実行されていないからこそ方針転換も容易だからだ。２０２３年に成立したＬＧＢＴ理解増進法の廃止、「選択的夫婦別姓」導入議論の撤回、入国条件の厳密化など、すぐにでも実行できることはある。

「戦前の日本のように覚せい剤がどこでも売っている」「一夫多妻は合法」「税金は

誰も払わない」――冗談のように聞こえるが、トランプが目指しているのはそういう世界だ。

いまだに日本政府は、コロナワクチンの定期接種やＤＥＩに積極的だが、トランプ新政権は発足すると同時に、ディープ・ステートが企てたコロナワクチンの義務化もＤＥＩも事実上、撤廃した。温暖化対策も白紙に戻した。トランプは日本でも不評の紙ストローを「プラスチックのストローに戻す」という大統領令にサインしている。日本政府がこれまでどおり、アメリカの意向を忖度するならば、近い将来、コロナワクチンの定期接種もＤＥＩも紙ストローも撤廃される可能性はある。

米政府の「脚本」なしでは動けない政治家

トランプ政権の誕生により日本政府は、旧支配者層（＝ディープ・ステート）の顔色を窺うことなく政策決定ができるようになったといえる。問題は、日本には米政府が書いた脚本がなければ何も決められない劇団員のような政治家しかいないことだ。

アメリカの占領支配後の日本は、アメリカからの内政干渉はほぼなく、官僚を中心とした日本流の国家経営で政治も経済もうまく回っていた。その流れが変わったのは、アメリカの大統領にジョージ・H・W・ブッシュ（パパブッシュ）が就任して以降のことだ。

私が日本に来たのは、経済誌などを読み「日本のすごさ」を知ったからだ。1985年には一人当たりのGDPが世界一となり、しかも先進国のなかで最も格差が少なかった。自然も美しい。どうしたらこんな社会が実現できるのか？　その構造や仕組みを勉強するために私は日本へやってきた。

しかし、記者として日本の政治や経済を取材し始めると、その頃から次々と優秀な官僚や政治家は潰され、素晴らしい日本が破壊されていった。私はその過程を現場で目の当たりにしてきた。

プラザ合意（1985年）の時まで米政府は日本に対して、「国内政治は任せるが、外交の面では言いなりになれ」というスタンスだった。その方針のもと日本は独自の高度成長を成し遂げ、国民全体が中流階級の暮らしができるようになった。だが1981年にパパブッシュがロナルド・レーガン政権の副大統領に就任して以降、アメリカの日本支配のスタンスが変容する。

それまで日本国内の政治・経済はすべて霞が関の官僚がコントロールしていたが、そのルールをアメリカのハゲタカファンドが破壊したのだ。そして、このアメリカの「暴挙」に反発した竹下登、橋本龍太郎、小渕恵三の3人の首相は政治生命を抹殺されてしまう。

今の日本の政治家たちはこの時のトラウマから抜け出せずにいる。誰も米政府の意向に逆らうことができない。独自に動こうとしない。バイデン政権時代（ディープ・ステート支配時代）の脚本に今も縛られ続けている状態だ。

鍵を握るのは新しく任命される駐日アメリカ大使だ。前任のラーム・エマニュエルは自ら同性愛擁護の旗を振り、関連イベントを後援していた。LGBTとは、元をたどればオバマの趣味の延長でしかないのだが、その影響で日本はLGBT理解増進法を成立させ、裁判所でもトランスジェンダーを擁護する判決が繰り返された。だが駐日アメリカ大使が交代すれば、日本政府の方針も180度変わり、L

ＧＢＴ推進の動きはすぐに下火になるだろう。

また、駐日アメリカ大使が経済政策などでアメリカと同様の政策を日本政府に推奨するようなら、日本も減税が進められることになるはずだ。しかし、トランプの意向でアメリカ第一主義を押しつけてくることも十分に考えられるため、今はまだ先行き不透明な状況と言える。

ディープ・ステート系メディアの失墜

日本にはメディアが抱える問題点もある。日本のテレビ局、新聞社など大手マスコミは、海外情報を自社で独自取材することは少ない。日本で報道される海外ニュースの大半は、海外の有名メディアの取材を垂れ流しているだけと言っていい。

だがトランプ新政権以降、アメリカのＣＮＮ、ＭＳＮＢＣ、ＣＢＳといったテレビ局、『ワシントンポスト』『ニューヨークタイムズ』といった新聞社など、大手とされるメディアはかつての権威を失っている。日本では一流であるかのようにいわれるこれらのメディアを、米国内では、ほとんど誰も見ていないし、読んでいないのが現状だ。『ワシントンポスト』のインターネット版は、バイデン政権が始まった当時一日2000万回程度のアクセスがあったが、現在では約200万回にまで落ち込んでいる。

アメリカ人の大半はもはや旧体制（ディープ・ステート体制）が支配するメディアを見ていないし、相手にもしていない。大多数がタッカー・カールソンのSNSや、新しいネット系メディアで情報を得ている。これまで大手メディアが「嘘」ばかり報道していたことに多くの米国民が気づき、見放されてしまったのだ。

日本でも同様に、若い世代の多くはNHKなど地上波のニュースは見ておらず、SNSを中心としたネットメディアから情報を得ている。そのため、若者と高齢者の間で極端な情報格差が生じている。

それでもバイデン政権時代には、大手メディアが大本営発表の窓口になっていたため、最低限はチェックする必要があった。しかし、トランプ新政権になってからは大本営発表の窓口ですらなくなった。

トランプもイーロン・マスクも重要な政策方針を自身のSNSアカウントから

発信している。実際問題、トランプとマスクのＳＮＳ、ホワイトハウスの公式のホームページさえ見ておけば必要十分な情報は得られる。

旧来メディアは左傾化も著しい。日本ではＦＯＸニュースは「トランプ寄りの極右メディア」などと呼ばれることも多いが、私に言わせればＦＯＸだけがいくらか中立的で、他が極度に左傾化しているだけだ。ＦＯＸはバイデン政権の時代にもトランプの声に耳を傾け、バイデンとトランプ両陣営からの見方を伝えていた数少ないメディアである。

〝戦後レベル〟の劇的な変化が日本で起きる

トランプが大統領になって確実にレジーム・チェンジ（支配者層の交代）が起きている。これまでＣＮＮなどのニュースを流用するだけだった日本の大手メディアは、現実の動きと海外報道の違いに直面し、どうしていいかわからなくなっている。ＮＨＫで働く私の友人も「頭が爆発しそうだ」と言っている。

日本国内には、ＧＨＱ（連合国軍最高司令官総司令部）占領時代から現在まで、通称「ジャパン・ハンドラー」と呼ばれる日本を裏支配する政治家、官僚、知識人が存在する。現在、日本国内で活動するジャパン・ハンドラーは、ディープ・ステートの息のかかったバイデン陣営の人間たちだ。そのため、反トランプの論調が強い傾向がある。だがそれも近いうちに変わるはずだ。

第二次世界大戦で日本が降伏し、米軍の日本占領部隊が上陸するまでには2週間の空白期間があった。今の日本はこの時と同じような状況にある。ダグラス・マッカーサーが厚木飛行場へ降り立つまでは「鬼畜米英」の感情が根強く残っていたはずだが、ほどなく「ギブ・ミー・チョコレート」に変わった。それと同レベルの劇的な変化がこれからの日本で起こるだろう。

またトランプ新政権で、エドワード・スノーデンが日本の情報担当になるという噂が日本のXで流れたという。だが、英語圏のXでそのような情報は一度も見たことはない。世界中の諜報機関と頻繁に連絡を取っているなかでも、そのような話は聞いたことがない。単なるデマだったのか、日本人の反応を見るための観測気球だったのかは現時点では不明だ。

これまでのスノーデンの暴露情報を確認すると、イスラエルや9・11などの極秘機密に関しては何も話していない。暴露の中身は「米政府は国民を盗聴している」というような、誰もが予想することばかりだ。正義心から暴露をしている人間というわけでもなさそうだ。「9・11が自作自演という話はデマであり、本当の陰謀論は……」と、平気で発言するような人間のため、どちらかといえば旧体制側の人間のように思う。

ただし、スノーデンの名前が出たということは、彼と関係の深いイスラエルの諜報機関モサドが何かしら企んでいる可能性はありそうだ。

石油利権に阻まれた「水素エネルギー」開発

日本ではいまだに大手企業を中心に、環境や格差に配慮するSDGs（持続可能な開発目標）がもてはやされ続けている。トランプがパリ協定脱退を言い出すまでもなく、それ以前から欧米では誰もSDGsなど気にせず生活をしている。とっくに終わった「お題目」である。

日本国民にも「ＳＤＧｓはいいもの」という思い込みがあるようだが、クリーンエネルギーの推進というのならば、日本の技術が誇る水素エネルギーをもっと後押しすべきだろう。

日本では「水素エンジン」（水素を燃料とする内燃機関）がすでに実用段階にある。この技術は何十年も前から研究が進められており、私も『フォーブス』の記者だった頃に研究所を見学したことがある。だがロックフェラーの石油利権の邪魔になるため、水素エンジンの研究は徹底的に妨害をされてきた。

ロックフェラーの失権とともに水素エンジンが解禁になれば、今後エネルギー問題に関わる日本のリスクは相当に軽減される。

石油利権を守ることを目的にしたロックフェラーの横やりがなければ、車の屋根に太陽光発電パネルを載せるだけで水素をつくり出すシステムは、とっくの昔に実現できていただろう。この水素を燃料としたエンジン（＝水素エンジン）で車を走らせれば、ガソリンは必要ない。しかも水素を１回補給すれば、最長で８００キロまで走行可能なのだ。

むしろ今後は、ＥＶ＝電気自動車のほうが時代遅れになるだろう。実際ドイツでは、２０２４年度の電気自動車の売り上げが前年比で27％減だという。当初は「エコカー」ともてはやされたが、今となっては充電時間の長さによる充電スタンドの渋滞や、バッテリー交換ができないこと、寒さに弱いことなど、ＥＶのマイナス面ばかりが目立つようになった。

トヨタの社長は「電気自動車に必要な材料を使えば、ハイブリッド車は9台、ガソリン車なら30台をつくることができる」という発言をしている。ＥＶ推進というＳＤＧｓに反する政策を、ＳＧＤｓを推進するダボス会議（世界経済フォーラム）の連中が進めていたのだ。

そして日本政府は、水素エネルギーという自国のストロングポイントを顧みることなく、ダボス会議の詐欺的な方針をいまだ盲従し、「二酸化炭素をなくそう」とする茶番劇を続けている。

誰のための温暖化政策だったのか

また、ドイツでは温暖化政策を進めたことで多くの産業が多大なダメージ受けている。2023年あたりまで「再生可能エネルギー先進国として一人勝ちの状態」と評価されていたが、現在では「ドイツ一人負け」といわれる経済状況になっている。再生可能エネルギーの弱点は、化石燃料に比べてエネルギーコストが格段に高い点だ。

さらに、ウクライナ戦争下でロシアからドイツへの天然ガスパイプライン「ノルドストリーム2」が破壊され、安価なガス供給が止まってしまったことも大きい。アメリカから米国産の高い天然ガスを買え、ロックフェラーからは石油を買えと、ドイツはカネを脅し取られた。そのためドイツでは、ガス料金がウクライナ戦争前から6倍、電気料金は4倍に高騰し、続々と企業が倒産する事態となった。ドイツ企業はなんとかして高い化石燃料を買い続けていたのだが、それが原因となり国内では急激なインフレが起きた。たまりかねた国民がデモや暴動を頻発させる事態となってしまった。

バイデン政権はロックフェラーと中国のための政権だったのである。バイデンが大統領になって最初にやったことは、カナダからアメリカへのガスパイプラインをストップすることだった。これは「ロックフェラーの息のかかってない会社から燃料を買うな」ということを意味する。新たに欧州へLNG（液化天然ガス）を送るための設備をアメリカにつくろうとした会社に対しても、やはりバイデン政権がストップをかけた。

その結果、西ヨーロッパの各国は「ロシアへの経済制裁」との名目で、ロシア産よりも4～5割も高いロックフェラーのLNGを買えと言われてきたのだ。

日本では原子力発電所がすべて稼働停止した時期があるが（現在も稼働中の原発は全体の5割以下）、それもロックフェラーの化石燃料を買わせるためである。つまり日本では、原子力発電所をすべて再稼働させれば、電気代は自ずと下がる。

ロシアから北海道へパイプラインを引いて天然ガスを輸入するという方法もある。幸いにも、ウクライナ戦争でロシアへの経済制裁中にもかかわらず、三井物産とロシアの合同による石油と天然ガスの採掘プロジェクト「サハリン2」の開発は続いている。今後、いくらアメリカのＬＮＧや石油が安くなったとしても、日本まで持ってくるための輸送コストが高くつくことは目に見えている。

つまり「株式会社アメリカ」の実質的なオーナーであるロックフェラーの人間たちは、自分たちが株主であるアメリカという会社の延命のために、日本の電気料金を高騰させているのだ。

その謀略が今、空中分解している。

そもそもＥＶ普及の根拠とされた温暖化対策＝二酸化炭素の削減という目標自体がデタラメな話といえる。我々は二酸化炭素に依存している生き物であり、炭素は生命の源である。これは中学の理科でも習う当たり前の科学的事実だ。

二酸化炭素が多ければ多くなるほど植物は増え健康に育つ。そしてエサである植物が増えれば動物も増える。それを減らそうということ自体が非科学的な話なのだ。

そしてトランプは、「正義」とされてきた脱炭素政策も放棄すると宣言している。日本ではまだ古い脚本に基づいた政策が進められているが、それも近い将来、一変するはずだ。

世界では「LGBTQ」「DEI」終了の流れ

アメリカでＬＧＢＴＱを優遇する政策がストップすれば、日本でも止まる。同性同士の性交を推進するような政策を国家が後押しすることは、どう考えてもおかしな話である。

日本では昔からゲイバーも存在し、ゲイタレントがテレビで活躍するなど、ＬＧＢＴＱのような存在には比較的寛容な社会だった。国際基準で判断してもなんの問題もなかったはずだ。それをことさらに国民に押しつけるのは、まったくもってバカげた話である。

ＬＧＢＴＱを優遇する政策は、そもそもオバマのホモセクシャル趣味から生まれたものだ。オバマの妻とされるミシェル・オバマは、本名がマイケル・ロビンソンという男性である。オバマ個人の性癖を世界中に押しつけたのがＬＧＢＴＱ政策の正体だ。つまりバイデン政権とは、オバマの性癖、ロックフェラーの息のかかった企業の利権、中国共産党の利権、この3つを推進・擁護するための政権だったといえる。

日本ではようやく認知され始めた「DEI」＝「Diversity（ダイバーシティ、多様性）」「Equity（エクイティ、公平性）」「Inclusion（インクルージョン、包括性）」だが、トランプ新政権になったことで、DEIをいち早く取り入れていたアメリカの有名企業は撤廃の方向に進んでいる。

もともと米有名企業の多くはDEIがいいことだとは考えていない。政府からの命令でやっていたにすぎない。だから、トランプが「反対！」と言えばそれに従うだけである。

そして、アメリカで終わろうとしているDEIを日本ではいまさらに始めようとしている。いくら脚本を読むだけだとはいえ、日本の政治家のセンスのなさには驚かされるばかりだ。

「女性の社会進出」や「男女平等」を推し進める方針も、もともとはロックフェラーが言い出したことである。

女性を会社で働かせれば、そのぶん税金を多く徴収できる。子供がまだ小さいうちから働きに出るとなれば、子供を何かしらの施設に預けることになる。そうするとディープ・ステートによる中央管理がより確実なものになり、彼らの理想とする教育を早い段階から授けることもできる。

そしてディープ・ステートの大目標である「人口減」を実現するうえでも、女性が仕事で成果を出し出世することで、子供を産まなくなることはとても都合がいい。

このようなディープ・ステートが企てた「方針」が、トランプ新政権の誕生で変わろうとしている。今はまだ潮の変わり目であり、渦を巻いているようなカオスの状態だが、遠くない将来には流れがまったく違う方向へ動き出すことになるだろう。

日本は政治家や上場企業の管理職に女性が少ない点が批判されるが、男女で仕事の内容が違っていることこそが自然の摂理である。日本の古い家庭では、男性は過酷に働き、稼いだ金はすべて女性に渡してきた。結婚していなくても、男性は給料を使い果たしてでも彼女にブランド品をプレゼントすることが美徳とされた時代があった。男が稼いで女が遣う。雄の鳥が虫を捕まえて巣に持ち帰り、その虫で雌の鳥が子供を育てるのと同じことが、かつての日本では当たり前に行われてきた。

アメリカでも女性活躍だといって軍隊にも多くの女性を入れようとしたことがあ

った。だが現実問題として、能力主義で考えた場合、女性が特殊部隊に入ろうとしても過酷なテストに合格することは不可能だ。

なぜ女性が戦争に行かないかといえば、それは社会を守るためである。100人の男性が戦争に行って、たとえ一人しか生き残らなくても、女性が残っていればその一人の男性が複数の女性と子供をつくることができる。しかし女性が全員死んでしまえば、もう子供が産まれることはない。だからこそ社会を維持するために、古来、女性は男性から守られてきたのだ。

そもそも「女性の社会進出」という言葉自体がおかしいではないか。女性は遠い昔から社会で役割を果たしてきた。労働などはせずとも、お母さん、おばあちゃんとして、しっかり社会参加してきたはずだ。

少子化を促進させるディープ・ステートの政策

イーロン・マスクが「抜本的な少子化対策をしなければ日本は消滅するだろう」

と指摘したように、日本は止まらない少子化により、国家消滅の危機に向かっていると言える。そんな時に日本政府は「女性活躍推進」という、わざわざ少子化を加速させるような政策を進めているのである。

女性に対して出産を求めるような言説が「子供を産めない女性に対する差別だ」と批判されるが、その台詞は欧米や日本社会を牛耳ってきたディープ・ステートによる洗脳の結果でしかない。

少子化という観点でいえば、ディープ・ステートのなかでもとくに悪質なのが前述した「チャバド」というカルトだ。彼らは自分たち以外の民族の人口を減らすため、わざと子供を産めなくさせる物質を日常用品に入れるなど、子供を生まない社会工学——以前ならウーマンリブであり、現在ならＬＧＢＴ——を社会に広めて子供を産まない女性を増やそうとしている。

また、性差別をなくすという大義名分から同性愛は容認する一方、性の自由であるはずの不倫を含めた一夫多妻的な制度に対しては、徹底的な糾弾姿勢を見せるのがディープ・ステートである。

なぜならば、一夫多妻制を認めれば一気に子供が増えるからだ。大富豪が10人の妻を持てば100人の子供をつくることも不可能ではない。それを法で禁止して同性愛は容認するという、少子化対策と逆行する政策が先進国で推進されていることに、みなさんは気づいているだろうか。

定期的にセックスドールなどの自慰のためのアダルトグッズがメディアで推奨されたりするが、これも裏には「子供をつくらないセックスを増やそう」という魂胆があるのは明白だ。

ちなみにフランス社会は多夫多妻に近い状況にある。文化風習として多くのフランス人は男女ともにパートナー以外に愛人がいる。そして、それを隠してもいない。日本にもかつてはそのような風潮があったのだが、現在では不倫バッシングばかりが喧しい。

私はこれまでに数多くの人類学に関する資料を読んできたが、過去のほとんどの社会で一夫多妻制は存在していた。そして一夫多妻制の下、女性と付き合えない男性の割合は、人類の同性愛者の割合とほぼ一致する。つまり女性を手に入れられない男性たちが、男同士で性欲を解消するだけのことである。それが自然体と言えよう。

私が『フォーブス』に在籍していた時、総務の幹部女性に「あなたは一般的な男性の奥さんになるのと、ビル・ゲイツの第7夫人になるのとではどちらを選ぶ？」と聞いたことがある。その幹部女性は、「それはもちろんビル・ゲイツの第7夫人だ」と答えた。こう考える女性はきっと少なくないはずだ。ボスザルに多くのメスが集まるのと同じで、一夫多妻は種の繁栄のうえでも自然なことだと私は考える。

繰り返しになるが、女性に社会進出させて労働に従事させることは、少子化を企図するロックフェラー＝ディープ・ステートの社会工学である。

大学を卒業して企業に入社し、仕事が面白くなって地位が上がる頃には30代であろう。そろそろ子供を産めなくなる可能性は高まる。その時に、「キャリアを諦めるかどうか」は女性にとって厳しい選択であることは間違いない。

だが世界にはマーガレット・サッチャーという先例がいる。彼女は10代、20代で子供を産み、子育てのあとにキャリアを積んで50代でイギリス首相になった。サッチャーの生き方を一つのモデルケースとすることは、少子化対策の一助となるのではないだろうか。

そもそも生物として考えれば、なるべく若いうちに子供を産むほうが自然であり、健康な子供が産まれる確率も高いはずだ。

このような言説は「女性蔑視だ」と批判される傾向がある。しかし、その批判はディープ・ステートによる長年の洗脳の結果でしかない。日本には「洗脳済み」の人が大多数だが、この先ディープ・ステートの支配が終焉すれば、女性蔑視に関する基準もきっと変化するはずだ。

なぜ日本銀行の「株主」は非公開なのか

長年の調査により、日本銀行の株主には少なくとも3つの海外企業（銀行）が含まれていることが判明した。一つはルクセンブルク大公国にあるエドモン・ドゥ・ロスチャイルド銀行、二つ目はニューヨークにあるバークレイズ・キャピタル・インク銀行、三つ目はイタリア・ミラノにあるビイエッフェ・エッツェ・バンク・エスビーエィ銀行である。

エドモン・ドゥ・ロスチャイルドは、その名前が示すとおり民間の銀行である。バークレイズも蓋を開けてみればロスチャイルドのイギリス分家だった。そしてビイエッフェ・エッツェ・バンク・エスビーエィは裏にバチカン銀行がいる。すべてディープ・ステートが支配する銀行である。

日本銀行を支配するこの3銀行の存在は、外部からは決してわからないよう隠蔽されている。知られては困るため、日本銀行の株主は公開されていないのだ。

日本政府はディープ・ステートの手から日本銀行を取り戻し、国有化すべきである。そうすることで、まず国税庁が必要なくなる。トランプも今、国税庁をなくす方向で動いており「国税庁の職員8万8000人をクビにするか、メキシコの国境警備の担当に転職させる」と言っている。

日本にも国税庁は必要ない。国税庁がなくなるということは、国民が税金を払う必要がなくなることも意味する。

第二次世界大戦で、日本は負けたとはいえ欧米列強を相手に戦うことのできる軍隊を編成した。この費用の多くは税金でも借金でもなく、国が発行したお金（戦時国債）で賄われた。現在でも日本銀行が本当の意味での政府機関になれば、相当のことができるようになるはずだ。おそらく国民は、税金も国民健康保険も払わなくて済むようになるだろう。

大学の学費に関しても、合格者には政府の費用で行けるようにする。学費の負担がゼロになれば、奨学金の返済問題もなくなり、若者たちが子供をつくるハードルは下がるだろう。

公共事業、防衛費も政府発行の紙幣によって賄うことができる。あまり発行しすぎると過度なインフレを起こすことになりかねないが、過剰に発行せずとも、国民は多くの公共サービスを無料で受けることができるようになる。実際に私は日本の政治家や官僚に対して、このような提案を行っている。

私が子供の頃、自宅の向かいの家にはカナダ中央銀行の総裁が住んでいた。総裁はハイヤーではなく、自分で車を運転して銀行まで通勤していた。それほど高給取りではない、普通の官僚の扱いだったのだろう。総裁の生活はきわめて慎ましいものだった。カナダ銀行が政府のものだった1938年から1972年までの間、カナダ政府は、第二次世界大戦時にはさまざまな兵器の部品を製造していたし、戦後はカナダを横断する高速道路や、五大湖を海に繋げる運河などを建設した。

だが、現在のカナダ首相の父親であるピエール・トルドーが首相在任時にロックフェラーのある卑劣な策謀に嵌り、それをネタにピエールは脅され、カナダ銀行の実権をロックフェラーに渡すことになった。その結果、カナダは借金まみれの異常な格差社会の国に零落してしまったのだ。

シンガポールと中国の中央銀行は、民間ではない政府機関の銀行として知られる。中国の中央銀行とされる中国人民銀行は、国務院（内閣）の指導のもとで運営されている。シンガポールの中央銀行は政府機関の一部門である。シンガポールはいまだに高度成長を続けており、国民は世界トップクラスの生活を享受している。

リビアでは、ムアンマル・アル＝カダフィ（カダフィ大佐）がトップの時代は、すべてのリビア国民は成人になると一軒家を与えられ、大学の学費も無償だった。それが実現できたのは中央銀行が民間の運営ではなかったからだ。しかし、カダフィ大佐はアフリカ大陸のすべての国のための金本位制の通貨と独立した銀行をつくろうとしたことが原因で失脚。カダフィ失脚後は、欧米勢力にリビアは支配され、民間中央銀行が設立された。その結果、リビアの富はすべて国外に流出することになる。

ハゲタカファンドに支配された日本の上場企業

「国内の富が外国へ流出していった」という点では、日本の場合も同様だ。日本の上場企業の大多数は、小泉純一郎政権時の「構造改革」という詐欺的政策が原因で、外資ハゲタカファンドの支配下になった。

かつての日本では、ほとんどの大企業が株式の相互持ち合いという、メインバンクと関連企業がお互いの株式を持ち合うことで、第三者に乗っ取られないようにリスクヘッジしていた。

しかし、小泉政権が株の持ち合いを禁止して以降、『会社四季報』を見ればわかるが、大企業の大半で外資企業が拒否権（特別議決の議案を拒否できる強力な権利）を獲得する34％以上の株式を持つようになった。日本の上場企業の多くが、実質的には外資によって支配された状態にあるのだ。

私が計算したところ、外資に奪われた日本の富すべてを日本国民に還元すれば、その金額は国民一人当たり約８００万円になる。それだけ莫大な富を奪われた結果が、悪夢のような「失われた30年」だったと言える。

「人はお金が余ると、生意気になる」というようなことを記したレポートが世界銀行から出されたことがある。人は貧乏でギリギリの生活をしていると政治的なことを考える余裕がなくなり、政権に反発することもない、という意味だ。だから権力者は極力、国民を生活に余裕があるかないかのギリギリのラインで働かせる。教育水準のレベルも下げ、物事の道理や社会の仕組みをわからないようにする。これが権力者による国民支配の黄金律である。

かつてロスチャイルドの人間と話をした際、彼は「ＭＢＡ（経営学修士）は素晴らしい」と言っていた。ＭＢＡはディープ・ステートの考えをそのままなぞるだけで、世の中の真実について何もわからないバカをつくる教育をしているというのだ。「コカ・コーラを売ることしか考えない人材を育てるのにちょうどいい」と笑っていた。

支配者層からすれば、広い知見と知識を持ったジェネラリストは必要ない。なるべく職務を細分化して、社会の全体像がわからないまま働かせたほうがメリットは大きい。

日本経済立て直しのために私が提案するのは徳政令だ。すべての借金をいったん帳消しにし、住居のローンや家賃をなしにして国民所有の資産にする。それにプラスして外資から取り戻した800万円のお金が全国民の銀行口座に振り込まれる。徳政令によってこれらが数カ月のうちに実現できる。

突飛な話と思うかもしれない。しかし今、トランプが目指しているのはそのような社会だ。今後、徳政令と農地改革が世界レベルで起こると情報筋から聞いている。トランプ新政権はただの政変劇ではない。社会を根底から覆すドラスティックな変化が、これから次々と目に見える形で起こるだろう。

国家権力は官僚から外資に

プラザ合意のあった1985年まで、日本は年間2桁台の経済成長を続け「日本の奇跡」と世界から賞讃されていた。この驚異の経済成長を指揮していたのが、2

００1年まで存在していた「経済企画庁」である。この経済企画庁が、「5年後にこの国はどうあるべきか」を見据えた5カ年計画を立案し、それに基づいて日本経済は運営されていた。

たとえば、経済企画庁が「今の日本家屋のほとんどがくみ取り式便所だが、これをすべて水洗便所にする。そのために日本の家屋をすべて下水道に繋げる」という計画を立てる。そして5年間でこの計画を実現させるのだ。国による明確な指針があれば、ビジネスマンたちは「必ず便器が売れる」と考え、大量に便器を製造する。下水道を敷設するためのコンクリート会社や土木工事会社も、その計画に合わせて事業を拡大していく。

このようにして経済企画庁が日本経済の進むべき方向を示し、それを民間企業とともに実現することによって、日本はアメリカを追い越す寸前まで経済成長を続けたのだ。

当時、通産省（現・経済産業省）の幹部を取材すると、国家権力のおよそ9割を官僚が握っていたことがわかった。しかもその官僚には、国家試験に受かれば誰でもなることができた。要するに完全なる能力主義だった。

だが、米政権がパパブッシュになってから異変が起きる。アメリカの意向に沿わない首相たちが次々と抹殺され、権力者が官僚から外資ハゲタカに変わったのだ。日本衰退のもうひとつの要因は、中曽根康弘政権時代の失政だ。中曽根は当時の厚生省の反対を押し切り、規制を大幅に緩和して大量の化学添加物を食品やシャンプーなどの日常生活用品に使用できるように法改正した。その結果、日本の食品や日常生活用品の多くが毒まみれになった。

100年以上前、がんという病気はほぼなかったとされる。現在の日本は、一生のうちに2人に1人ががんと診断されるほどの「がん大国」となった。「寿命が延びたから、細胞の老化に伴ってがんを発症する人も増えるのだ」とよく言われるが、何万のエジプトのミイラを調べてもがんの事例はない。意図的にがんを発症させて、がん治療でお金をむしり取るという悪質な仕組みが出来上がってしまったのだ。

現在でもEUでは禁止にされているような添加物が、日本では使用が認められている実態がある。海外では規制が進んでいるにもかかわらず、日本だけがまったくアップデートされていない。

財務省の上位に居座るディープ・ステート

1985年以降の日本がどうなったかといえば、国民生活が豊かだった「1億総中流社会」は消え去り、現在ではアメリカに次いで先進国では2番目に格差が大きい国となった。多くの国民がギリギリの生活を強いられている状態だ。

私が来日した頃、「アメリカに追いつき、追い越せ」と日本は活気にあふれていた。しかし現在では、日本国民の過半数が「未来は真っ暗だ」と感じているという。政治家も「これからこの国はどうあるべきか」というビジョンを示すことができない。将来の計画を立てられないというのでは、動物園の動物や、刑務所に収監された終身刑の受刑者と変わらない。「もうずっと檻の中だから」という諦念しかないように見える。

だがトランプ新政権となった今、アメリカによって閉じられた檻のドアは開いている状態だ。日本がやるべきことは、豊かだった時代の仕組みを令和風に改善し、富を取り戻すことだろう。

つまり経済企画庁を再編し、官僚と優秀な民間企業が主導して「5年後にこの国にどうなってほしいか」という案を募り、それに則った国家運営を目指すべきである。そのような仕組みを取り戻すチャンスが、トランプによってもたらされている。

ここにきて「財務省が日本没落の諸悪の根源だ」という財務省悪玉論が広く主張され始めている。だが、財務省の官僚が悪いとばかりは言えない。彼らの命令系統の上位には悪質なディープ・ステートの意を酌んだ外国人が存在する。財務官僚は結果的に、彼らの思惑どおりに「日本人からいくらむしり取れるか」という思考になっているだけである。

だがこのような支配構造も、トランプ革命以降は大きく変わるだろう。

日本再生のカギは「能力主義」の復活

日本の官僚が批判の的になるのが「天下り」問題だ。なぜ天下りが常態化しているのかといえば、霞が関の官僚には「肩たたき」という慣習があるためだ。財務省などの官庁では、最高職位の事務次官になることができるのは同期で一人だけである。多くの官僚が「これ以上お前は出世しない」と事実上の退職勧告を受けることになる。

出世の見込めない官僚たちは自分の老後の収入を確保するため、天下り先と見越した特定企業に「配慮」を施す場合がある。これは公務員としては絶対に許されない反則行為だ。また、天下り先で法外な年収と退職金を得ていることも、一般庶民からは批判の的となっている。

官僚の給料が民間企業に比べて低いことも天下りが常態化する要因のひとつだろう。経済発展を続けるシンガポールでは、官僚の給料を高額に設定している。しかも、定年まで高給を得られる。もちろん「肩たたき」という慣習もない。収入が保障された官僚たちは老後の心配をする必要がなくなり、国全体の利益を常に考えて仕事をするようになる。こうした制度は日本も見習うべきである。

また日本は政治家の劣化も著しい。昔の政治家が優秀だったのは「能力主義」が機能していたからだ。現在の日本の政治家のおよそ3分の2が、いわゆる二世、三世の世襲議員であり、政治家という職業が、まるで封建制度の遺物になっているのが実態だ。

優秀な政治家を増やす簡単な方法は、政治家の子供たちが自分の親の地盤を引き継ぐことを禁止することである。そうするだけで、無能な二世、三世は淘汰される。二世、三世であっても優秀な人間ならば、親の地盤でなくとも議員になることができるだろう。

トランプ革命によって日本の政治家が、「アメリカからの脚本を読み上げるだけ」という茶番劇を終わらせることができる今だからこそ、優秀な政治家が必要とされるのだ。

現代に求められる政治家像は、思想信条は別だが、ソフトバンクグループを率いる孫正義のような行動力とバイタリティを併せ持つタイプでないと難しいだろう。適任者が政界にいないのであれば、トヨタをはじめとした優秀な民間企業からスカウトするのが一番の近道である。

ドラスティックな変化に対応するには、全盛時の北野武のような人物を総理大臣に抜擢する奇手も考えられる。これは決して荒唐無稽な提案ではない。なぜならトランプは、政治家経験なしでいきなりアメリカ大統領になっているのだから。

米と野菜の価格高騰は天候不順が原因ではない

ローマクラブ（民間シンクタンク）の元会長や、ルーマニアで次期大統領と目される極右政党の人物らの証言によれば、ダボス会議の悪党たちは、2025年に食糧危機を起こそうとしているという。

日本政府はその方針に従う姿勢であり、実際に「農家に何をつくるかを命令できる」という法案を通し、外資に農地を売り渡すような政策を行ってきた。その結果、2025年初頭時点で米価は2024年の同時期と比較し6割も上昇し、野菜も過去に例を見ないほどの高値になっている。これは天候不順などが原因ではない。政府が意図してやっていることだ。

アメリカでも鶏卵の価格が高騰しているが、それはバイデンが1億羽のチキンを殺したからだ。そしてロシアでも今、作物の生産を減らしていると聞く。ロシア政権中枢にもまだ、ディープ・ステートの命令に従う連中がいるのだ。

日本ではマイナンバーカードの問題もある。マイナンバーカードがなければ健康保険もパスポートももらえないようにしているが、これは要するに、日本ではディープ・ステートによる人間牧場化計画が続いており、国民全員に「家畜管理番号」を紐づけさせようとしているシステムである。アメリカではこのような管理システムにストップがかかった。だが日本では、トランプ陣営の新しい指揮官が来るまではディープ・ステートの古い脚本しかないため、それを実行し続けている。

とはいえ従順な姿勢を見せてはいる日本政府も、裏では「今後どうしたらいいのか」と戸惑っていると聞く。近い将来、ディープ・ステートの古い脚本を捨て去り、日本の国益になる政策を実行していくことになるだろう。

「朝鮮半島統一」と「日韓朝統一国家」の誕生

トランプ革命後の世界再編において、朝鮮半島と日本を第二次世界大戦前のように、ひとつの「国家」にするプランが米軍良心派を中心とする欧米改革派から持ち上がっているという。つまり80年前の状況に戻そうというのだ。それほどの劇的な変化が、この先には起こり得ると覚悟しておかなければならない。

実際、ソ連が崩壊した際には、ウクライナやグルジア（現・ジョージア）など多数の新しい国家が誕生している。ソ連崩壊後のような、想像を超える変化が今後世界で起こることになる。前述したように、現在、オスマントルコ帝国の復活が裏では着々と進んでいる。

朝鮮半島と日本に関する欧米改革派の考えは、北朝鮮と韓国がまず統一され、トップに金一族が立つ。そして日本の天皇家と金一族の政略結婚により、日本と朝鮮半島が統一国家になるというのがロードマップのひとつだという。

これを実現するためには、日韓朝それぞれの国民に染みついた長年の洗脳を解かなければならないが、日本の「韓流ブーム」はその洗脳を解くための工作のひとつである。長らく日韓朝それぞれが嫌悪するような教育や報道が続けられてきたが、それも少しずつ変化していくだろう。

金正恩の娘・主愛《ジュエ》は、日本の悠仁親王より6歳下で、将来の結婚相手としては適齢ではある。天皇家と金家の結婚など、あり得ないと考える日本人は多いだろう。だが日本の政界では、それよりもとんでもない、日本の皇統をひっくり返すような「女系天皇容認論」が議論されている。

女系天皇とは、簡単にいえば小室圭さんと眞子さんの間に生まれた子供が天皇に即位することである。たとえば将来、女性皇族が海外へ移住して仮にゴンザレスさんと結婚したとする。このゴンザレス家の子供が天皇に即位すれば、日本の皇室が「ゴンザレス王朝」となる可能性もあるのだ。

このことの是非を問うことはしないが、「女系天皇容認」は長年にわたって続いてきた「万世一系」のストーリーを根本から覆すものであることには違いない。天皇家と金一族の婚姻によって、日本と朝鮮半島をひとつの国に戻す。そもそも終戦まで朝鮮半島と日本はひとつの国であり、天皇陛下は双方にとって天皇だったのだ。

朝鮮半島と日本の統一の前には、南北統一の問題もある。韓国側は長年の洗脳によって「北朝鮮は悪だ」と刷り込まれているため、北朝鮮を嫌悪する風潮は強い。

2024年12月に起きた韓国・尹錫悦《ユンソンニョル》大統領による非常戒厳発布騒動は、尹大統領が北朝鮮の工作員に洗脳された野党の国会議員たちを排除するために起こしたものだ。これを命令したのは間違いなくディープ・ステート派閥の米軍の一部だ。尹大統領が独断でそんなことをやるはずがない。この米軍の一部が、当時、東アジアの不安定化を望んでいたバイデン政権のシナリオに沿って動いたのだ。

韓国と北朝鮮の間にいまだ深い溝があるのは確かだ。しかし、外国人の私が歴史的事実を踏まえて客観的に見れば、そうした感情を変えることは、「アメリカ兵に捕まるぐらいなら崖から飛び込んで自殺したほうがマシ」という嫌米感情から、「ギブ・ミー・チョコレート」の親アメリカに短期間のうちに変わった日本のように、さほど困難なことではないと考えている。

大手メディアは真実を報道しない

北朝鮮は、第二次世界大戦後に日本を脱出した陸軍中野学校出身者を中心とする日本軍の残党がつくった国だともいわれている。

実際、北朝鮮政府というのは、戦時中の日本と政府機構の構成や政治手法が非常に似ている。ウクライナに派兵された朝鮮兵が降伏することなく最後まで戦う姿勢も、戦時中の日本兵を思わせる。

ある意味、北朝鮮は日本の旧体制がそのまま温存されている国だとも言える。そのことを多くの人たちが理解し、受け入れて「北朝鮮は実は日本がつくった国なんだ」「北朝鮮の人たちは日本のことが好きなんだ」という歴史的真実が広まれば、自然と考え方は変わっていくと私は思っている。

今の日本の大手メディアは「北朝鮮はとんでもない国だ」と、繰り返し報道している。しかし、それは真実なのだろうか。

2000年頃、私が初めてソ連崩壊後のロシアへ行った時も、海外メディアは「ロシアは貧乏国だ」と繰り返し報じていた。そのため私は、かつて発展途上国を旅行していた時を思い出し、貧困層に合わせたボロい服装を手にロシアに旅立った。貧乏国のロシアでも目立たないだろうという考えでオンボロなコートで入国したのだが、多くのロシア人がとても立派な毛皮のコートを着ていたのである。おかげで私は、ホームレス扱いをされることになった。

実は、1999年にプーチンが大統領に就任してから1年の間に、すべてのロシア人の生活水準は改善され、所得は倍増していたのだ。大手メディアの伝えることと現実の間には、かくも大きな違いがある。

日本に求められる「中国との連帯」

先日、自衛隊の幹部に会った時に驚くべき情報を耳にした。日本で自衛隊によるクーデター未遂事件が起きていたというのだ。およそ200人もの自衛隊の幹部が処分されたという。ニュースでは「ヘリコプターの墜落」「戦闘機の事故」「自殺」などとして扱われたが、実際にはそうではなかったというのだ。

クーデターの目的は「日本を再び独立国家にする」ため。これまでのアメリカによる日本支配のプレッシャーは、一般社会よりもはるかに強烈に自衛隊員に影響を与えていたのだ。

日本のメディアや評論家たちは「中国が日本を侵略してきた時に、アメリカは助けてくれるのか？」というテーマを論点にするが、まったく的を射ていない。そもそも日本が中国から攻められるとすれば、それはアメリカのディープ・ステート勢力が日本を中国に売った時なのだ。

バイデンは大統領時に「日本もオーストラリアも全部中国に献上する」と裏で発言しており、この政策が今でも緩やかに継続しているとされる。日本の与党議員たちの親中・媚中の態度が批判されるが、これもアメリカによる対中国の長期計画の一環である。

トランプ新政権になったことで「中国の武力による侵略」こそなくなりそうだが、それでもトランプの親中姿勢からすると、日中関係はこれまで以上に親密にならざるを得ないだろう。

日本と朝鮮半島を合併させて、さらに中国とも連携させる。そのようにひとつの経済圏となったほうが、今後の世界平和のためにも望ましいと考える欧米改革派は少なくない。

「西側は我々でやっていくから、東アジアはユナイテッド・ステート・オブ・チャイナとして、中国の管轄下で運営してほしい」いう話が裏でなされているのだ。

「クアッド（日米豪印戦略対話）などをつくって、対中国を目指すのではなく、みんなで仲良くして近所付き合いをしなさい」――これがトランプ革命後の世界の方針なのである。

「中国は反日感情が強い」「そんな中国に支配されれば、日本はチベットや東トルキスタン（ウイグル）のように弾圧される」と恐れる日本人は多いだろう。

ただ、私が中国へ行った際、中国人に日本についての感情を尋ねたところ、反日感情というのはまったく感じられず、それよりは「日本人は自分たちがアジア人であることを忘れている」というコメントのほうがよく聞かれた。これは私だけではなく、多くの欧米人が認識している中国人の日本人に対する印象だ。

２０１２年に大規模な反日デモが中国で起きた時、私がその裏側を調べると、フランスのディープ・ステート系組織がデモ隊にお金を配って起こさせていた事実が判明した。中国人の反日感情や共産党の思惑など関係なかったのだ。

ただ、中国で反日教育が行われているのは実態としてあり、これに関しては「お互いの歴史を否定する教育はやめよう」と、中国を正させる必要がある。中国に対しては、言うべきことは言わないと、自民党のように、ただ中国に媚びるだけではいつまでたっても健全な日中関係を築くことはできない。

いずれにしても今後は、北朝鮮や中国、ロシアに対処するクアッドのような西側陣営の包囲網がなくなることは確かであり、現在、敵対的な感情を持つ国々ともバランスよく付き合っていかなければ、日本の独立を守ることは危うくなる。

終章

「世界の新体制」とトランプ革命の行方

「世界の闇」を知ったアメリカ人

9・11のアメリカ同時多発テロに疑念を抱いて、私が世界の裏支配の実態を調査し始めた2000年代前半は、いわゆる陰謀論者というレッテルを貼られるような人は、米国民全体の5%程度しかいなかっただろう。それが現在では5割を超えている。だからこそ「ディープ・ステートとの戦い」を公言するトランプが、圧倒的な支持を得て大統領選に当選したのだ。

2025年1月に発生したロスの大火災も、多くの人たちは大手メディアで伝えるような「山火事」が原因だとは信じていない。児童性虐待や人身売買についてもエスプタイン文書の公開やディディ裁判などがあったことで、多くの人々は大手メディアの報道が真実ではないと気づき始めている。

常識的には考えられないことを真実だと語ることが陰謀論というのであれば、今のアメリカはまさに「陰謀論者の国」と言える。

日本では明治時代の後期頃から、新聞や雑誌の記事でロスチャイルドやロックフェラーの名前が取り上げられていたため、その種の陰謀論めいた話にいくらかの免疫があった。だが欧米でロスチャイルドやロックフェラーの話題が語られることは、ごく最近まで皆無だった。2004年頃にインターネットで「ロスチャイルド」と検索すると、たった1行の情報しかヒットしかなかったのである。

だからこそ、欧米の人々にとって「陰謀論」の衝撃は相当なものがあった。その情報に触れた人たちは大いに驚き、そして怒り始めている。今では「ロスチャイルド」と検索すると、何億ものトピックが表示されるようになった。

欧米人にとって陰謀論は情報として新鮮だった。老いも若きも雪崩を打つようにして「世界の闇」を調べるようになり、現在もSNS上で議論が交わされている。

ウクライナ戦争について、米大手メディアでは今もなお「プーチンは大悪党だ」「ロシアは崩壊寸前だ」と報じる。だがその一方でトランプは「ウクライナ戦争を起こしたのはバイデンだ！」「ゼレンスキーは大統領の任期を過ぎて、今はなんの権限もない」と吠えている。果たしてどちらが嘘デタラメの陰謀論なのか。

USAIDによる世論誘導のためのマスコミ工作が明るみに出た今となっては、

前者を信じる者など誰もいない。前述したように、アメリカでは大手メディアの情報に誰も見向きもしなくなった。トランプ大統領の再任によって、これまで疑わしいものとされてきた「陰謀論」と、大手メディアの裏づけのある「正しい情報」が、完全に入れ替わったのである。

これはアメリカにかぎった話ではない。2024年には西側10カ国で国政選挙が実施されたが、そのすべてで与党が大幅に議席を失っている。これについてジョージ・ソロスの息子アレックスは「このような状況になるのは120年ぶりのことだ」とXに投稿した。

国民の生活水準が年々低下している西側諸国では、変革を求める動きが急速に強まっている。2025年2月、スペイン・マドリードに欧州各国の右派政治団体の代表が集まった。大手メディアが「極右サミット」と報じたこの集会には、ハンガリーのオルバン・ヴィクトル首相やフランスの野党、国民連合のマリーヌ・ル・ペン代表など各国の指導者が集まり、「欧州を再び偉大に！」と雄叫びを上げた。

オルバン首相は集まった支持者たちの前で「トランプ旋風が数週間で世界を変えた。昨日は我々が異端だったが、今日は主流派だ」と語っている。

これまでの世界支配体制は、確実に、そして劇的に変わりつつある。「既存体制の変革」という世界的な潮流の先鞭をつけ、先頭を走るのがトランプだ。アメリカでは今後、変革の動きが一気に活発化していくことが予想される。だがそれは、長期的には「いい変化」であっても、短期的には「大きな混乱」を巻き起こすことになりそうだ。

それでも私は、アメリカの正常化を心の底から願っている。アメリカが「正気」に戻れば、世界の多くの問題が平和的に解決していくはずだ。

インチキなエリートに支配された格差社会

「トランプの支持者は低学歴だ」などと批判されることがある。だがそれは「学歴が高い人ほどリベラル思想に侵されている」と言い換えることもできる。アメリカの大学はかなりおかしなことになっており、いつの間にか勉強の場から、洗脳の場に変わってしまったようだ。学生たちがＬＧＢＴＱの権利をやたらと主張するなど、極端なリベラル思想の巣窟となっている。

その点では学歴の低い人のほうが思想的に自由と言える。私が高校生の時にも「大学に行けば洗脳される」「だから行かないほうがいい」といったことを言う人たちはたくさんいた。そう考える人たちは軍にも多い。学歴が低いから、今の社会で出世するには軍に入るしかないという人たちだ。実際、軍にはプアホワイトと黒人が多い。

大学で洗脳されたくないと考えた私は、世界中を旅して回った。旅の途中で南米アマゾンのシピボ族の集落を訪れたことがある。そこでシピボ族にお金を見せると、彼らは「この不衛生な紙はなんだ？」と不可解な様子を見せたものだった。

我々は、何千年も前から洗脳され続け、その不衛生な紙のために週80時間働き、どんな侮辱でも受け入れ、全裸になることも厭わない。だが本当は、その紙自体になんの価値もない。それが今では紙ですらなくなり、コンピュータの中の数字になっている。

資本主義というシステム自体がもはや限界に達している。金本位制の時代には一般の人たちが10年ローンで家を買うことができたが、今は30年以上のローンを組むことが当たり前になった。マネーの価値が現実の社会と乖離しすぎてしまったのだ。その原因は、一部のグループが詐欺同然の手段で世界の富を独占したためだ。

現代社会で発生する格差のカラクリのひとつを、きわめて単純に説明する。富める者と一般人がそれぞれ10万円の資本を持っていたとする。その時に富める者は金融市場を通して元金10万円に1000倍のレバレッジをかけ、「私は1億円の資産を持っている」と言う。一般の人は10万円のまま所有する。その1億円と10万円の差が格差社会の正体である。決して貧しい人たちの働きが悪いわけではない。富裕層とされる人間たちがさまざまな経済理論、金融理論をこねくり回しながら数字をでっち上げているだけなのだ。

このような詐欺的手法を駆使し格差をつくり出し、世界の富を独占している代表がダボス会議（世界経済フォーラム）のメンバーであり、ディープ・ステートだ。そして今、その連中が失脚しようとしている。

トランプ新政権の誕生とは、そんな「インチキなエリートに支配された格差社会はもう懲り懲りだ」という人々の思いが結実した結果と言える。

激変する欧州の指導体制

トランプの大統領就任式に呼ばれた指導者と呼ばれていない指導者の名簿からも、トランプのレジーム・チェンジへの強い意志がうかがえる。

たとえばイギリス与党労働党のキア・スターマー首相は招待されていないが、イギリス野党で支持率を急伸しているリフォームUKのナイジェル・ファラージ党首は招待された。ドイツはオラフ・ショルツ首相が呼ばれず、極右政党とされる野党AfDのティノ・クルパラ共同代表が招かれた。日本で言えば、石破茂首相は呼ばれないのに立憲民主党の野田佳彦代表が呼ばれたようなものだ。

これはトランプ新政権が「既存体制を相手にしない」と世界に向けて宣言したと同然で、私が聞いたところでは、ドイツ、イギリス、フランスの指導体制が変わり、その後、日本や韓国でも劇的な変化が起こるという。

欧州の変革で主役になるのはロシアのプーチンだ。2024年に行われたタッカー・カールソンによるプーチンのインタビューで、プーチンはビル・クリントン大統領の時代に「ＮＡＴＯに入りたい」と伝えたことを明かしていた。クリントンは背後にいる支持者たちと相談をしたうえで、「それはできない」という返答をした。

プーチンが「ＮＡＴＯ入り」を望んだのは、アメリカや欧州と組んで、中国を牽制する意図があったのだが、クリントンに断られてしまう。クリントンが拒否した背景には、当時、欧米を管理していたグループ（ディープ・ステート）は、ロシアと組む前に、ロシアをいくつかの小国に分割・解体し、二度とロシアが脅威にならないように弱体化する考えがあった。そしてロシアの分割・解体後には、元ロシアの小国を従えて中国に戦争を仕掛けることを想定していた。この戦略の第一弾が、ディープ・ステートの謀略として２０１３年から始まった、マイダン革命によるウクライナとロシアの離反劇だったわけである。

だが現在では、「ロシア分割路線」を進めていた権力者の多くが失脚している。たとえばカナダのクリスティア・フリーランドというウクライナ系の財務大臣は、トルドー政権の〝影の首相〟とまで言われた実力者で、ロシア潰しの旗を振っていた。だがフリーランドは２０２４年12月、政策の違いを理由に財務大臣を辞任。自身のホームページから世界経済フォーラムにおける経歴などを消している。まるで自分がダボス会議のグループとは関係ないかのように振る舞おうとしているのだ。

　これはナチス系ディープ・ステートによるロシア潰しの計画が頓挫したことのひとつの証拠である。

ロシアが欧州の盟主になる

　そして今、トランプを支持する米軍良心派などの欧米改革派の動きをみると、アメリカは中国、ロシアと組み、欧州と覇権を争おうとしているようだ。権力構造の根本が確実に変わろうとしている。

　トランプはＮＡＴＯ加盟国に対して「国防費をＧＤＰの2％から5％に増やせ」と要求しているが、これは「対ロシアに備えろ」と言っているわけではない。「アメリカの赤字を減らすために、米製の武器をたくさん買え」という意味だ。

そして近い将来、ロシアはＮＡＴＯに加盟するだろう。プーチンは以前から「白人が団結しないとアジアに呑み込まれる」という主張をしてきた。とりわけ黄色人種国家〝最大の脅威〟として中国に対する警戒心は相当強いという。13世紀から15世紀にかけて約２４０年間、ロシアはモンゴル帝国に支配されていたため、ロシア民族のＤＮＡには黄色人種に対する恐怖心があるといわれる。

２０２４年の秋に開催されたＢＲＩＣＳにおいても、ロシアは中国に良好な関係を示す一方で、北朝鮮、ベトナム、インド、モンゴルと軍事同盟を結び、中国包囲網を築こうとしている。

ちなみに、中央アジアには国名に「～スタン」とつく国が多くあるが、スタンとはペルシャ語で土地や国を表す言葉である。もともとモンゴル帝国だった地域を、白人系ロシア人種の国として分離・独立したのが「～スタン」と国名につく国々である。

トランプは基本的に「ビジネス的にメリットがない」という理由で戦争を嫌っている。しかし国内の武器商人を儲けさせるためにも、ＮＡＴＯ入りしたロシア主導の「対中国路線」を、とりあえずは支持することになりそうだ。また、アメリカによるグリーンランドやカナダの併合が進んだ場合、プーチンも「では我々もソビエト連邦を復活させる」と宣言し、旧ソ連の国々をすべて奪い返す可能性も出てくるだろう。その時、トランプはその動きを静観すると私は予想する。

ロシアがNATOに加盟すれば、イギリス以外の欧州諸国の軍事的防衛はロシアが担当するはずだ。ロシアは数週間で島国であるイギリス以外の欧州諸国すべてを支配できる軍事力を持っており、対中国ということで考えた場合、ロシアが欧州の盟主となるしかないのが現実だ。

欧州はロシアが盟主となり、アメリカ大陸はアメリカが盟主となる。欧州の枠組みから外れるイギリスは、現在の「ファイブ・アイズ」の枠組みと、大英帝国時代からのネットワークで独自のポジションを築いていくことになる。ファイブ・アイズとは同じアングロサクソン民族である英語圏5カ国、イギリス、アメリカ、カナダ、オーストラリア、ニュージーランドによる機密情報共有の枠組みのことである。

最終的に世界の白人社会は、アメリカ、ロシア、イギリスがそれぞれの地域の盟主として管理・統治してくことになる。

世界が「7つ地域」に再編される

欧米改革派は先に述べた3つの白人社会構想とは別の世界的な枠組みとして、現在の国連安全保障理事会の常任理事国（中国、フランス、ロシア、イギリス、アメリカ）から新しいグループに置き換えることを提案している。

世界を「アフリカ」「インド」「中国」「中国を除く東アジア（オセアニアを含む）」「ヨーロッパ（ロシアを含む）」「アメリカ大陸（南米＋北米）」「イスラム圏」のブロックに分ける。その7つの地域の代表で新たな国連安保理事会をつくり、多数決で地球全体に影響を及ぼす問題（宇宙、環境など）の対処法を決定していくという提案だ。

「拒否権」に関しては、拒否権の効力を各地域内に限定することになるという。たとえば、新しい国連安保理で「ガソリン車の廃止」が多数決で可決された場合、もちろん産油国が多いイスラム圏はそれに反対して拒否権を発動する可能性が高い。

すると他の6つの地域は「ガソリン車の廃止」の方向で動くが、イスラム圏では状況に応じてガソリン車を従来どおり使用および生産ができるというものだ。新しい世界体制では、それほど各地域の自主性を尊重することになる。

また7つの地域には、地域ごとに未来の計画を立てる機関を設置することも提案されている。なお、欧米改革派の提案では、軍や治安当局は国際法に則り、基本的に国連安保理の決定に基づいて動くことになるという。

また新しい世界体制を開始する前には、ジュビリー（日本でいう徳政令＋農地改革）の実行も提案されている。ジュビリーの内容は「すべての公的および私的債務（借金）を一回かぎり帳消しにし、さらに資産の再分配を行う」というもの。詳細を決定するには世界中の一般市民や団体、企業などと慎重に意見交換しながら、公の場で交渉していく必要があるだろう。

この提案はすでに米軍、イギリス、ロシア、バチカンなどの支持を得ているという。現在、アジアの結社は事実確認をしている最中だ。ただし、この構想に関するやり取りは、データ流出を避けるために文書を手渡しするなど、かなりアナログな方法で行われているとされ、結論が出るまでにはまだ時間がかかりそうだ。

この構想の実現までには、世界各地でさまざまな駆け引きが続くことになるだろう。欧米のＮＡＴＯ軍を裏で管理しているグループは「もし世界連邦体制が始まらないのであれば、我々は世界各地で悪事を続ける」と脅迫めいたことを言っているという。またディープ・ステートも、あの手この手で相変わらず第三次世界大戦の勃発を狙っているとされる。これらを阻止するためにも、ジュビリーの詳細はまず事務方レベルで早急に詰めるべきだ。一刻も早く「世界の新体制」が稼働することに期待したい。

「オスマントルコ帝国」復活の動き

世界新体制の一環として、トランプ政権下では北米（カナダとアメリカ）が一つの国になる構想があることは前述したが、中近東ではトルコによる「オスマントルコ帝国」復活の動きが加速している。

トルコが軍事基地をリビアやエジプト、シリア、サウジアラビアなどに広く展開しているのは、サウジアラビア、シリア、イラク、ヨルダンを呑み込み、巨大イスラム帝国を誕生させることが目的とされる。日本のニュースでは報じられないが、トルコ国営通信（アナドル通信社）によれば、「すでにシリアはトルコの一部だ」と報じられている。「オスマン帝国の復活」を示唆するニュースもトルコの新聞各紙には頻繁に出ており、トルコのレジェップ・エルドアン大統領は「エジプトもトルコの一部だ」といった趣旨の発言をしている。２０２４年12月に起きたシリアのアサド政権崩壊はその第一歩だったのだ。

このトルコの動きについて、アメリカや欧州各国は了承済みだという。トランプは前任時から「もう中近東の面倒は見切れない」との発言をしており、実際にイラクからは米軍を撤退させている。

２０２４年12月には、マルタにおいて事実上、欧州の最高意思決定機関とされる「ＯＳＣＥ（欧州安全保障協力機構）」の会議が開かれた。ＯＳＣＥは、中央アジア、ＮＡＴＯ、ロシア、北米の57カ国が加盟する世界最大の地域安全保障機構である。前述したように、この会議にはロシアのセルゲイ・ラブロフ外相も出席していたのだが、同氏はウクライナ戦争が始まって以来初めて、ＥＵ圏に足を踏み入れた。

この時の会議でＮＡＴＯを含めた欧州軍の最高長官に任命されたのはトルコの元外務大臣だった。トルコにトップの座を任せたのは、同じイスラム国家である中央アジアの国々も守備範囲とするためだろう。その直後にシリアのアサド政権が崩壊したことからも、欧州の総意としてオスマン帝国復活を容認していることは明らかだ。モサドの情報筋によれば、大手メディアの報道ではトルコ軍がシリアを攻撃したとされたが、実際にはわずかな攻撃しかなく、アサドは戦わずして降伏したとされる。また、親ロシアだったアサド政権崩壊によってシリア北西部にあったロシア軍の軍港がなくなることになったが、アサド政権の崩壊に関して、ロシアは事前に容認していたとトルコ国内のメディアは報じている。

なおＯＳＣＥは北米、欧州、ロシア、中央アジアの57カ国が加盟していると説明したが、加盟国は基本的に白人国家である。実質的にＯＳＣＥは白人同盟であり、今後はＥＵもＮＡＴＯも吸収合併すると目されている。

世界の新体制発足後のＯＳＣＥの役割は、トルコやロシアが主導する形でユーラシア大陸の安全保障を担当し、イギリスやアメリカのアングロサクソンはユーラシア周辺の海上の安全保障を担当する。陸と海で安全保障の役割分担をすることになるだろう。

こうしたなか、独自のスタンスをとり続けるのが世界の新体制「7つの地域」の一角を担うインドだ。インドはこれまで国際政治のなかで中立を保ち続けてきたが、決して孤立してきたわけではない。ただ、一定程度の貿易関係はあるとはいえ、中国とだけは関係がよくない。

現在の中国はかつての一人っ子政策の影響で、絶対的に女性の数が足りていない。3000万~5000万人の若年男性が妻を娶ることができないとされている。一方のインドではそれと同程度の人口、若年女性のほうが若年男性より多いという。現在は微妙な関係にあるインドと中国だが、将来的には国際結婚という相互の社会補完を通じて、いい組み合わせになる可能性も考えられる。

インドと欧米の関係性も決して悪いものではない。インドは数百年間にわたってイギリスの植民地だった影響から、多くのインド人が英語を話すことができる。また、欧米とインドは日本人の認識以上に、お互いに文化的な影響を強く受け合ってもいる。欧米ではインドの瞑想やヨガが広く浸透し、インドでは現在も植民地時代から続くイギリス式の教育を続けている。世界の新体制発足後も中立的な立場で、世界の平和に貢献することがインドには期待されている。

「新国家ユダヤ」と「新生ペルシャ帝国」

新国家ユダヤの成立も間近だとされている。

歴史的に見ると「ユダヤ」という地名は、エルサレムとその周辺だけを指す。そしてこの地には、現在のパレスチナ（ヨルダン川西岸、ガザ地区）の人々も紀元前12世紀頃から住んでいた。彼らは7世紀から8世紀にイスラム教へ改宗したが、自分たちこそが本来のユダヤの住民であり、パレスチナ人と呼ばれること自体がおかしいと主張する。パレスチナ人というのはローマ人がそう呼んでいただけで（ローマ時代のペリシテ人に由来）、日本をジャパンと呼ぶのと同じような意味合いだからだ。

現在のユダヤ人と同じ土地にルーツを持つパレスチナ人を、宗教は異なっていてもユダヤ人として認め、パレスチナとイスラエルが合体する形で新国家ユダヤをつくろうとしているわけである。

エルサレムは、ユダヤ教、キリスト教、イスラム教の聖地であり、宗教的観点から世界的に非常に重要な地である。

このエルサレムには有名な「嘆きの壁」がある。この壁は、古代イスラエル王国のエルサレム神殿の外壁とされ、ユダヤ教徒にとって最も神聖な場所のひとつである。しかしこの壁が、実はユダヤ王国を滅ぼしたローマ帝国がつくった「砦の残り」であり、神殿は別の場所にあったとされる。

この嘆きの壁の近くには、イスラム教の聖地のひとつ「岩のドーム」とよばれる金色のドームが印象的なイスラム建築の礼拝所がある。ユダヤ教徒は嘆きの壁に手をつき、「いつかそのモスク（岩のドーム）を潰して、そこにユダヤの神殿を建てるのだ」と祈る。

これら聖地をめぐる伝統的に信じられている歴史は、イスラム教圏vsキリスト教圏の戦争を起こすための長期計画として、ハザールマフィア（ディープ・ステート）が古くから仕組んだものにすぎない。実際には、キリスト教やユダヤ教の聖地としての神殿や聖殿を建てようと思えば、モスクを潰さずとも明日にでも建てることができる。

このようなハザールマフィアが捏造した歴史からユダヤ人を解放することで、イスラム教とユダヤ教、キリスト教の間に燻る火種のひとつをなくすることができるのだ。

イスラエル首相のネタニヤフなど、現在もユダヤ人のフリをしてユダヤ社会に紛れ込んでいる悪魔崇拝者たちがいる。彼らはかつてのイスラエル王国を滅ぼした遊牧民族アッシリア人の末裔だ。イスラエル王国を征服したアッシリア人は自らもユダヤ人と名乗るようになったが、彼らはモロク＝サタンを崇拝する悪魔崇拝者であり、その血脈が現在ではハザールマフィアと呼ばれている。

彼らは現在のイスラエルを拠点にしながら、長年にわたってアッシリア帝国の復活を狙っていた。しかし、トランプ新政権の誕生でハザールマフィアは急速に力を失い、その計画は頓挫しようとしている。今度こそ本当に、ハザールマフィア＝ディープ・ステートが完全に失脚しようとしているのだ。

またイランは同じイスラム教シーア派のいるイラクの一部地域などに領土を拡大しながら、「新生ペルシャ帝国」を建国しようとしている。そして、ペルシャ系民族、先に述べたオスマントルコ帝国となるトルコ系民族、それ以外のアラブ系民族は、緩やかに団結をして「イスラム共和国」的なものをつくることになるとみられる。

「イスラム＝反米」のイメージを持っている読者も多いだろうが、反米を煽っていたのは裏でＩＳＩＳやアルカイダなどを操っていたＣＩＡなどの勢力、つまりはディープ・ステートの息がかかった連中だった。そんな裏の支配者が失権した今、自ずと反米テロはなくなっていくことになる。

ディープ・ステートの〝嘘〟が通用しない世界

これまでディープ・ステートは、中東などで紛争を煽ることによって第三次世界大戦を起こそうとしてきたが、常に失敗してきた。これには理由がある。私が自衛隊の幹部と会った時に聞いた話では、ロシア、中国、アメリカなど、各国軍隊のハイレベル協議では「何があっても大規模核戦争は起こさない」ということで同意しているというのだ。

ディープ・ステートが第三次世界大戦を起こし、人類の9割を殺そうと計画しても成功しないのは、各国の軍が核戦争につながる行動を絶対にしないからだ。今後もディープ・ステートは、最後の悪あがきとして核戦争を起こそうと策謀を重ねるだろうが、すべて失敗に終わる。

一つの事例として、2018年1月に「イスラエルによるハワイ核攻撃計画」があった。ドイツ製の原子力潜水艦を譲り受けたイスラエル軍は、その潜水艦で太平洋に進出、ハワイに向けて原子爆弾搭載ミサイルを飛ばした。イスラエル軍はそれを北朝鮮のせいにして「北朝鮮の核ミサイルがハワイを攻撃した」というストーリーをつくろうとしたのだ。

だが米軍はこれを迎撃ミサイルで撃ち落とし、潜水艦も沈没させた。そして、米軍が反撃を自重したことによって第三次世界大戦を起こす試みは失敗に終わった。この時の騒動は、ミサイル攻撃に対する米軍の緊急アラートの誤報として、当時実際に報道もされている。

また、ディープ・ステートは配下の大手メディアを使って、30年も前から「イランはあと数カ月で原子爆弾を完成させるため、一刻も早くイランに先制攻撃しなければならない」と報じ続け、イランvsＧ７による第三次世界大戦を起こそうと煽ってきた。しかし、これも失敗に終わっている。

大手メディアの報道はすべて嘘八百だったことが暴かれ始めた今、人によっては受け入れ難いカオスが続くだろう。ソ連が崩壊する時まで、ソ連の民衆は共産主義の本を読み、共産主義の学校に行き、毎日共産主義のテレビを見て、共産主義の新聞を読み、共産主義の教えを信じ切っていた。ところが１９９１年、ミハイル・ゴルバチョフの登場によりソ連が崩壊すると、いきなり「共産主義は間違いだった」と聞かされた。その時と同じレベルの大転換が、これから世界のいたるところで起こるのだ。

トランプ陣営とマスク陣営の暗闘

イーロン・マスクをバックアップしているＰ２フリーメイソン（ディープ・ステート）は前述したように、アメリカのフロリダ州にあるトランプの邸宅、マール・

ア・ラーゴに居座り、影武者のトランプを操っている。彼らの狙いはトランプ新政権の顔ぶれからも明らかだ。新閣僚の多くが「親イスラエル・反イスラム」というシオニスト過激派思想の持ち主で占められている。

そしてP2フリーメイソンはアメリカ人の反イスラム感情を高めるためにイスラム過激派を偽装したテロを米国内で次々と起こしている。

2025年1月1日、ルイジアナ州ニューオーリンズの繁華街で、車が群衆に突っ込んで14人が死亡した。犯人は元米陸軍兵だったが、警官隊との銃撃戦で射殺されたあと、事件に使われた車両の中を調べるとISISの旗が見つかったという。イスラム過激派を装ったテロ行為を頻発させることで「アメリカ対イラン」の戦争勃発に向けての気運を高めようとしているのである。

ただし、これらのテロ事件には2つの勢力の思惑が交錯している。まず、P2フリーメイソンは前述のとおり「アメリカ対イラン」の戦争を勃発させようとしている。それに対して米軍良心派は、この一連のテロ事件を理由にアメリカに戒厳令を敷き、影武者トランプとマスクの背後にいるP2フリーメイソン勢力を潰そうとしている。そうなった場合、マスクも取り締まりの対象になるという情報も米軍筋から聞いた。

P2フリーメイソンの暗躍とは別に、マスク自身も影武者トランプを使い、自分自身が影の大統領になるべく動いている。しかし、大統領就任式でのはしゃぎようがトランプの機嫌を損ね、それまでマスクの言動を大目に見ていたトランプも、今後マスクの敵対的行動が発覚した場合、即座に政権から切り捨てるとみられている。

トランプ新政権が失敗なら米軍良識派は戦争を起こす

ディープ・ステート壊滅に向け順調な滑り出しを見せたトランプ新政権だが、大失敗に終わる危険性もゼロではない。最も可能性があるのは、アメリカ以外の国がトランプの言うことをまったく聞かなくなるというケースだ。トランプのアメリカ第一主義や関税重視の政策、強気のディールに各国が反発して、アメリカが村八分の状態に陥れば、世界がアメリカとの貿易を縮小し、米国民は満足に物を買えなくなる。米社会は混乱をきわめ、アメリカ人の生活は立ち行かなくなる。

そうなった場合、アメリカはどうするか？　支持率維持のためにアメリカは他国に戦争を仕掛けるしかなくなる。トランプ自身は「軍は強くするが、基本は平和路線であって戦争はやらない」と明言しているが、トランプのバックにいる米軍は、トランプの支持率が下がることは対ディープ・ステート戦略や欧米改革の大きな妨げになるため、躊躇なく戦争を仕掛けるだろう。戦争は国内世論も景気もすべてを改善させるからだ。

私はトランプのバックにつく米軍を便宜上「米軍良心派」と記してきた。たしかに、人殺しを最上位事項と考えていない意味で米軍良心派はディープ・ステートと比べれば文字どおり良心的ではある。しかし、軍隊は軍隊だ。米軍の兵士たちは常々、「ソ連が崩壊した時、軍の元幹部が生活のためにタクシーの運転手なった」というようなソ連崩壊時の軍人の苦難を聞かされている。そして「軍人として生活できなくなるぐらいなら、他国に戦争を仕掛ける」という考えが米軍良心派内に浸透しているという。良心派といえども、軍人というものは、戦争という行為に対するハードルが、一般人と比べれば格段に低いことは間違いないのだ。

ただしその場合でも、先に述べたように第三次世界大戦につながるような核攻撃を行うことはない。米宇宙軍には核兵器を使用せずとも他国を凌駕する超高性能の電磁波兵器を所有している。この電磁波兵器を使えば他国の主要都市を、それこそロス火災のようにピンポイントで焼け野原にすることが可能なのだ。近年はドローンを使った戦闘が主流になりつつあるが、ドローンに関しても米軍は公表こそしていないが、その戦力・戦術ともに、ドローン大国とされる中国を大きく上回るとされている。

トランプ革命の後継者は誰か？

さらに新政権が大失敗するパターンとして考えられるのは、米経済の悪化によって軍人への給料が払えなくなることだ。米軍が稼働しなければ米国内の治安は悪化する。そうなれば、ディープ・ステートは内戦を起こすための大きな謀略を仕掛けてくるはずだ。「トランプ暗殺」が、いつ起きても不思議ではない状況となる。

また、トランプの政治手法はワンマンがすぎており、自分より優れた人間を冷遇するところがある。トランプ自身に何かことが起きた場合に代役を務められる人間がまったくいないことも政権の弱点のひとつだ。副大統領のJ・D・ヴァンスはほとんど話題に上がることがない。逆に、もしマスクのように上昇志向が強すぎる人間が出てくれば、トランプは潰しにかかるだろう。

そして政権にとって最も大きなリスクは、マスクが全面的にトランプに反旗を翻し、大統領の権限を奪いにかかることだ。両者のどちらが勝利するにしても、この内紛劇は政権にとって大きなダメージとなる。トランプが勝利しても資金面や人材面で政権運営は停滞するだろうし、マスクが勝利すれば神輿を失った米軍良心派との苛烈な内紛が待っている。そうなれば、影響力の低下した状態にあるディープ・ステートは息を吹き返し、再び欧米の完全支配に乗り出すだろう。

２０２５年の時点でトランプはすでに78歳。大統領の座を降りる時には80歳を超えている。トランプによる改革が順調に進んだとしても、長期的な院政を敷くことは難しく、一刻も早く後継者をつくっておくことが急務となる。トランプの意を汲み、米軍良心派も納得するような後継者候補は、現時点ではまったく見当たらないことも政権の懸念事項だ。

未来を予言するアニメといわれている『ザ・シンプソンズ』では、「イヴァンカ2028年」という表現がなされていた。この都市伝説を完全に信じるわけではないが、娘のイヴァンカがトランプの任期途中から入閣し、次期大統領を目指す可能性は高いのではないか。現状、米国内でイヴァンカ待望論はまったく聞こえてこないが、トランプと米軍良心派がその気になれば、イヴァンカを誰もが認める後継候補に育てることは可能だ。私は、トランプ革命はイヴァンカ・トランプが引き継いでいくことになると予想する。

フランスのマクロン政権、ウクライナのゼレンスキー政権、イギリスのスターマー政権が終わり、イギリスのチャールズ国王が退場すれば、旧支配者層＝ディープ・ステートの影響力はほとんど消滅する。世界の富を搾取し続けたディープ・ステートのプロジェクトは終わり、世界は新体制に移行していく。

トランプ新政権は始まったばかりだ。旧勢力との戦いがいつまで続くのかは現時点では不透明である。しかし娘イヴァンカの時代まで考えれば、トランプ革命はこの戦いに勝利し、素晴らしい世界になる。私はそう信じている。

PROFILE

ベンジャミン・フルフォード●Benjamin Fulford

ジャーナリスト、ノンフィクション作家。カナダ・オタワ生まれ。1980年に来日。上智大学比較文化学科を経て、カナダのブリティッシュコロンビア大学を卒業。その後、再来日し『日経ウイークリー』記者、米経済誌『フォーブス』アジア太平洋支局長などを経てフリーに。『ヤクザ・リセッション』（光文社）、『暴かれた9.11疑惑の真相』『トランプ政権を操る「黒い人脈」図鑑』（ともに扶桑社）、『超図解 ベンジャミン・フルフォードの「世界の黒幕」タブー大図鑑』『世界「闇の支配者」シン・黒幕頂上決戦』『もしトランプが米大統領に復活したら』（すべて宝島社）など著書多数。

アメリカと世界をぶっ壊す！
トランプとイーロン・マスクが創造する新世界秩序

2025年3月28日　第1刷発行

著　者　ベンジャミン・フルフォード
発行人　関川 誠
発行所　株式会社宝島社
〒102-8388　東京都千代田区一番町25番地
電話（営業）03-3234-4621
（編集）03-3239-0927
https://tkj.jp
印刷・製本　中央精版印刷株式会社

ISBN 978-4-299-06539-1